Mon ami Majohn

Un savant perdu

Dépôt légal: 2014
Bibliothèque et Archives nationales du Québec
Bibliothèque et Archives Canada
©Editions de l'Erablière
C.P. 8886, succ. Centre-ville
Québec, Canada (H3C 3P8)
Droits de traduction et de reproduction réservés pour tous les pays.
Toute reproduction, même partielle, de cet ouvrage est interdite
ISBN978-2-9814910-1-5

Dieudonné Mufwankolo Mundel

Mon ami Majohn

Un savant perdu

Biographie et légende

Éditions de l'Érablière

Préface

ADIEU, MAJOHN.

Je donne suite très volontiers à l'invitation que me fait mon ami, et ancien élève, Dieudonné Mufwankolo. Réveiller ma mémoire pour rendre présent notre compagnon Jean-Pierre. Il nous quittait, des années de traversée malheureuse, suite à une ascension vertigineuse.

J'ai été, juste le temps d'un terme de trois ans, un nouveau et inexpérimenté préfet de l'Institut Saint François-Xavier à Kikwit Rive-Droite. Un internat aux mains pourtant expertes des Pères Jésuites. J'y faisais mes premières armes dans un site scolaire bien rodé, dénommé pour la facilité 'ISFX'. Trois années de régence, avant d'aller entreprendre l'étape suivante de ma formation, comme scolastique étudiant jésuite : théologie et deux années supplémentaires d'études profanes.

Jean-Pierre était, en classe terminale de Math-Physique, le type classique du surdoué. Tout dédié à ses études et peu enclin à se distraire. Un internat jésuite ? On imagine un 'demore' régulier et une ambiance de camaraderie, laissant peu de temps au divertissement, mis à part le sport et la lecture. Je ne me souviens pas avoir dû séparer des internes batailleurs, ni d'avoir eu à me séparer d'élèves encombrants ! J'avoue volontiers, qu'en ces belles années, tout était organisé avec maîtrise de sorte que soient assurés pour les élèves, études et encadrement culturel, sans que rien ne laisse à désirer. La relation, de la plume de Dieudonné, rappelle dans le détail, et avec nostalgie, une époque que l'on peut penser révolue. L'élève quittant un milieu protégé, et assuré d'avoir à disposition la crème des enseignants et jusqu'aux soins médicaux, il se retrouvait d'un coup, loin des siens, dans des sites universitaires où il aurait à croiser le fer.

Dans le cas de Jean-Pierre, il était évident qu'il continuerait de briller, on devrait dire d'étinceler : remarqué par les juges des Examens d'État de l'époque, ainsi qu'une recrue appelée à faire honneur au système d'éducation jésuite assez généralisé au pays. Et c'est ce qui se préparait, aussitôt Jean-Pierre lâché dans l'agora académique. Immédiatement repéré par quelques sommités à l'Université de Kinshasa, tout le dispositif à gravir les échelons ; si un mal aux racines lointaines, sa difficulté à assumer son rôle social, une solitude maladive, et des relations sentimentales brusquées par des amis bien intentionnés, devaient avoir raison de lui. Des amis, compagnons collégiens des années d'internat à Kikwit s'associèrent donc, et pas toujours avec bonheur, pour forcer Jean-Pierre à élargir et à oser des relations avec des jeunes filles amies, étudiantes du milieu universitaire de Kinshasa. C'est d'ailleurs la chronique qui m'a été donnée d'introduire avec ces quelques lignes. Des années plus tard, revenu à Kikwit, pour d'autres missions, je croisais Jean-Pierre. Il me reconnaissait ; mais tristement il allait, perdu dans son monde mental : absent anonymement et loin de ses semblables, pour s'éteindre sans tambours ni trompettes. Alors que tout laissait croire, tout laissait espérer à l'époque de son adolescence, que Jean-Pierre était promu aux plus hautes distinctions académiques.

Jean-Pierre nous quittait, pauvre de tout ; pauvre de la science qu'il devait et maitriser et pouvoir rayonner d'un pinacle où il était attendu. Jean-Pierre, tu restes pour nous un être de mystère. Tu nous rappelles que 'Gloria Mundi' c'est une trajectoire périlleuse. Tu auras retrouvé le sentier, la terre, le sol et la poussière où tu as grandi enfant. Les palmes du mérite, tu auras pris un raccourci, le chemin des anonymes.

Bienheureux les petits et les Pauvres !

Henri de la Kethulle sj

Avant-Propos

Dieudonné Mufwankolo nous décrit, dans les pages qui suivent, le sort tragique de son ami et condisciple Jean-Pierre Matungulu, alias «Majohn».

J'étais leur professeur de mathématique en 6° secondaire (Chimie-Biologie et Math-Physique) à l'Institut Saint François Xavier de Kikwit Sacré Cœur (plus tard Institut Sadisana) durant l'année scolaire 1971-72. La classe de 6° Math-Physique était une classe forte et appliquée. Jean Pierre Matungulu était le surdoué du groupe. Personne ne pouvait prévoir, à ce moment, que Jean Pierre allait sombrer quelques années plus tard, dans la folie et terminer sa vie de manière tragique, à peine dans la trentaine. J'ai assisté de loin à cette déchéance terrible sans pouvoir faire quelque chose. J'ai revu Jean-Pierre, errant dans la ville de Kikwit, parfois avec son sourire narquois, me saluant gentiment et me demandant s'il pouvait venir donner quelques explications supplémentaires à mes étudiants de l'Institut Supérieur Pédagogique.

Dieudonné Mufwankolo nous fait un portrait de Majohn, empreint de sympathie, d'humanité, de compassion. Je l'ai lu avec beaucoup d'intérêt et même avec beaucoup d'émotion.

Mais il fait plus que cela: il nous décrit aussi une tranche de vie de la République Démocratique du Congo (et de la République du Zaïre), des années 60 et 70.

Ses réflexions occasionnelles - mais fréquentes - sur la situation du pays, en particulier sur l'enseignement, ses jugements sur certains faits et certaines personnes sont très pertinents et instructifs.

Ce livre n'est pas un manuel d'histoire mais un témoignage sur une amitié de jeunesse, sur un passé révolu mais toujours présent dans les pensées de l'auteur, sur un destin tragique aussi. Dieudonné Mufwankolo conclut :

« Nous, ses amis d'enfance et condisciples de classe, ne l'oublierons jamais. Il vit dans nos cœurs et dans nos pensées, ce grand héros du savoir… Entre-temps je l'immortalise par ce petit livre; que chaque lettre soit une larme dont la réunion forme le torrent qui pleure et pleurera encore ce savant perdu, mon ami Majohn… »

Moi non plus, je n'ai pas oublié Majohn comme je n'oublie pas mes anciens élèves de Sadisana Kikwit, de l'ISP Kikwit et du Lycée du Saint-Esprit Bujumbura. Ils peuplent ma mémoire et j'en revois de temps en temps certains avec beaucoup de joie. Qu'ils transmettent à leur tour à leurs enfants et petits-enfants la sagesse et le savoir qu'ils ont reçu de leurs éducateurs afin de contribuer à la construction d'un monde plus juste et plus fraternel.

Heverlee, Belgique le 5 août 2014

P. Bob Albertijn sj

A LA MISSION CATHOLIQUE DE SOA

J'ai rencontré Jean Pierre Matungulu pour la première fois en 1962, à la mission catholique de Soa, sur la rive droite de la rivière Kwenge, là où elle se jette dans la rivière Kwilu. Sur la rive gauche de la rivière Kwenge se trouve la cité de Lusanga, jadis appelée Leverville. Cette coquette bourgade fut le siège d'une importante huilerie, appartenant à la fameuse compagnie « Plantation Lever au Congo », PLC en sigle, dans la province du Bandundu en République Démocratique du Congo. La PLC s'appelait auparavant Huilerie du Congo Belge, en abrégé HCB. Du reste les parents de Jean Pierre travaillaient à Lusanga à la PLC. Cette société était très prospère et rendait d'énormes services à la population .Elle fournissait aux paysans des emplois décents, des rémunérations conséquentes, des conditions de vie acceptables et des services sociaux adéquats, particulièrement en matière de soins de santé.

Lusanga, perchée sur le flanc de la colline qui surplombait la rivière Kwenge, était une très belle ville dans laquelle l'accès était très contrôlé, surtout dans sa partie résidentielle…Il y avait aussi des camps pour les travailleurs et leurs familles avec des installations récréatives et sportives…Une grande usine produisait de l'huile de palme à partir des noix cueillies dans d'immenses plantations qui s'étendaient à perte de vue…Cette grande entreprise était également présente dans plusieurs autres endroits de la province du Bandundu et ailleurs en République Démocratique du Congo…

Mon ami Jean Pierre Matungulu est né le 22 Avril 1954, à Kwenge, une petite cité de la PLC, en amont de Lusanga, le long de la rivière qui porte son nom. Peu après sa naissance son père qui était un très bon chauffeur, fut muté au siège de la PLC, à Lusanga où le volume du travail était de loin supérieur aux autres sites. Jean Pierre y passa sa tendre enfance, dans ce cadre merveilleux où il faisait bon vivre, au milieu d'une végétation luxuriante baignée par les deux grandes rivières que sont le Kwilu et le Kwenge ainsi qu'une multitude de ruisseaux…

La famine était inexistante car la PLC assurait régulièrement l'approvisionnement en denrées alimentaires variées dont se nourrissaient à satiété les ouvriers de PLC et les membres de leurs familles … Tous leurs besoins essentiels étaient en grande partie couverts…Il semblait que la colonisation, malgré ses vices, avait légué aux Congolais un pays organisé et viable. Il y avait un peu partout de belles constructions solides, un réseau routier impressionnant, des ponts en grand nombre et une vie sociale digne, où le minimum était à la portée de tous … Des écoles de très bon niveau foisonnaient un peu partout et la poste marchait bien, même dans les villages les plus reculés à l'intérieur du pays. Des magasins achalandés et bien gérés, avec d'importants stocks de marchandises en réserve, étaient visibles sur toute l'étendue du territoire national. Des entreprises dignes de ce nom fonctionnaient au grand bonheur de leurs agents et surtout de leurs cadres. Bref la vie était belle et les gens avaient le sens du respect de l'intérêt commun et des biens publics qui passaient avant des réflexes cupides et égocentriques…

Mais après l'euphorie éphémère et le rêve illusoire de liberté miroité par l'accession à l'indépendance, le pays sombra dans la spirale, lente et progressive, de la déchéance due à des rébellions, des troubles sociopolitiques récurrents et la mauvaise gouvernance…

Quand je suis arrivé à la mission catholique de Soa, un cousin qui était un cadre de PLC à Lusanga, demanda à mon père que je reprisse la troisième primaire. Selon lui, d'une part, je paraissais trop petit pour monter en quatrième primaire et d'autre part, mon pourcentage devait être relativement faible.

Nous nous sommes retrouvés ainsi, Jean Pierre et moi, dans la même classe... Il était un garçon ordinaire et un élève moyen. A cause probablement de mon redoublement, je fus premier de notre classe en troisième et même en quatrième primaires sans que ce futur savant ne se soit fait remarquer, du moins intellectuellement…La plupart des parents disent généralement à leurs enfants qu'ils ont été premiers de leurs classes, même si ce n'est pas vrai, sûrement pour les stimuler à bien étudier…Mais, dans mon cas, ce que je dis est véridique et peut encore être vérifié… Même physiquement Jean Pierre n'avait rien de particulier. Nous étions, avec les autres condisciples, si heureux de nous retrouver là tous ensemble, comme des amis et même des frères, baignant dans le charme de la spontanéité et de l'insouciance infantiles.

Comme tous les moments féeriques de l'enfance, la vie à Soa était merveilleuse! Nous allions nous baigner dans la rivière Kwenge, en faisant attention aux hippopotames qui fréquentaient la même plage, heureusement surtout de nuit. Des fois, l'un d'eux apparaissait en plein jour au milieu de la rivière et devenait l'attraction de tous les passants. Nous prenions dans la savane sur des palmiers sauvages, des régimes entiers de noix que nous grillions au feu de bois pour les dévorer goulument, avalant ainsi de grandes quantités d'huile de palme. Nous aimions aussi aller à l'église chanter des charmants petits cantiques catholiques qui élevaient nos âmes jusqu'à frôler des dimensions spirituelles délicieuses .Nous allions de temps à autre fourbir nos armes de jeunes délinquants amoureux en nous promenant le long de la clôture de l'internat des filles ,avec deux cigarettes au bec; nous croyions ainsi les impressionner et les attirer …

Certains de nos condisciples dont les parents ne savaient pas payer les frais de restauration à l'internat, préparaient eux-mêmes leurs repas, dans un grand hangar surnommé « Sombolo ». Ils se nourrissaient souvent d'épinards sauvages qui abondaient dans le bois et qu'on appelait en Kikongo: sansabanzenza, ce qui veut dire littéralement: « élève les étrangers », dans le sens de garantir leur subsistance et leur croissance par la nourriture. La nature généreuse leur procurait aussi de grandes variétés de champignons, de chenilles, de fruits, de légumes et d'oiseaux... Certains de ces condisciples préparaient tellement bien que nous allions échanger nos petits plats monotones de réfectoire contre des mets succulents de la cuisine congolaise. C'était un troc amusant, à la criée, dans lequel quelqu'un annonçait bruyamment ce qu'il proposait et attendait la réponse d'une personne intéressée, qui disait aussi à haute voix ce qu'elle proposait en échange. Les élèves qui mangeaient au réfectoire offraient souvent du riz, des haricots, du pain, de la viande de bœuf et du poisson salé, tandis que ceux du « sombolo», offraient des chenilles, des champignons, du fufu, de la chikwangue, du pondu (feuilles de manioc) et, naturellement, des épinards sauvages.

Il y avait à Soa deux écoles situées aux extrémités opposées de cette mission catholique. L'internat des filles était tenu par des Sœurs religieuses de la congrégation des Sœurs de Notre Dame et comportait les cycles primaire et secondaire. L'école des garçons appartenait à la congrégation des Frères Joséphites, et n'avait que le cycle primaire. Une grande résidence des abbés se situait au centre de la mission à côté de l'église principale que fréquentaient rarement les filles car elles avaient leur propre chapelle. Un camp de travailleurs était construit près du réfectoire et des dortoirs des garçons...Une longue allée d'environ un kilomètre, bordée de part et d'autre d'une rangée de cocotiers, passait au milieu de la mission, allant de l'entrée de l'internat des filles à la partie isolée de l'école des garçons, appelée de ce fait « lazaret ». Nous nous faisions un régal, comme de vrais écoliers maraudeurs, en prenant des noix de coco ainsi que d'autres fruits que nous allions chercher en grimpant, à nos risques et périls, torse nu sur des troncs d'arbres souvent très élevés...Il arrivait parfois qu'un élève se fracturât un membre en tombant d'une branche molle ou d'un tronc lisse de cocotier. Les responsables de nos écoles l'amenaient vite pour des soins appropriés à l'hôpital de Lusanga, qui était très bien équipé.

Les enseignants nous apprenaient de petites chansons d'enfants que nous chantions à plein gosier en les déformant et sans en comprendre le sens. Par exemple la chansonnette qui dit: « Un kilomètre à pieds, ça use, ça use, un kilomètre à pieds ça use les talons. » Nous la chantions ainsi: « Metro metro pieds, ça ise, ça ise, metro metro pieds ça ise les talo… ». Et nous entonnions cette chanson et tant d'autres, en marchant avec ferveur au défilé ou en marquant le pas devant les salles de classe. Longtemps après, devenus adultes, nous étions souvent fort surpris de connaitre le sens réel de nos vieilles rengaines. Il y avait des chansons comme « Napoléon avait cinq cents soldats », « Chinois part en Chine », « Sur le pont d'Avignon », « Alouette, gentille alouette, alouette je te plumerai… », et ainsi de suite…Un de mes frères chantait très gaiement une chanson qu'il venait d'apprendre à l'école. Nous n'en comprenions pas les paroles. Il répétait sans cesse: « Tchin, tchin, tchin; tchinipatatchini, jamais la tchini ma petit tchinois, japoli , japoli, tchin, tchin ». Quelqu'un qui connaissait la chanson a tenté en vain de le corriger mais pour mon petit-frère, l'enseignant leur avait appris ainsi, et personne ne pouvait changer les paroles. La personne nous dit qu'en fait la chanson était: « Chine, chine, chine; Chinois part en Chine. J'aime la Chine, mon petit Chinois, bien poli, bien poli ;Chine, Chine… »

Nous chantions donc sans comprendre les paroles que nous prononcions. Pourtant nous étions si heureux ainsi. Cet air de mystère, différent de l'ignorance, était une composante qui rendait parfait le bonheur des enfants que nous étions. Nous savions nous abandonner au charme et à l'inconnu de ce monde dont l'immensité nous dépassait…Contrairement aux adultes qui rejettent toute forme de mystère et veulent tout circonscrire dans des cadres logiques, laissant le monde aller à la dérive, nous remettions une part de notre vie au hasard, confiants dans une main invisible qui contrôlait toute chose…

Mais comme les bonnes choses ne durent jamais, vers l'année 1963, une rébellion féroce éclata en RDC, qui atteignit la province du Bandundu, forçant les gens à se réfugier en forêt dans des conditions précaires. Là dans le bois, ils étaient toujours sur le qui-vive, ne sachant pas de quel côté viendrait le danger. En effet, en plus d'éviter serpents, fauves et autres animaux dangereux de la forêt ils devaient veiller à ne pas tomber entre les mains des rebelles qui s'y retranchaient souvent, pour fuir les attaques des forces régulières. Dormant à la belle étoile, à même l'herbe, les villageois réfugiés en forêt se nourrissaient difficilement. Leur menu de fortune consistait en des fruits sauvages, des feuilles et des racines d'arbres, et, même parfois, du sable des lits de rivière, afin de tromper leur faim. Mais dans ces conditions extrêmement dures où ils devaient fuir et marcher des journées entières sans boire ni manger, des signes d'une malnutrition de plus en plus sévère, apparaissaient, d'abord chez les enfants, et puis chez les adultes. Leur menu se raréfiait et ils présentaient un aspect physique caractéristique de la cachexie. En outre ils étaient souvent recouverts de guenilles. Parfois même des épidémies et toute sorte de maladies tropicales venaient aggraver leur situation déjà tragique. Ainsi beaucoup de personnes moururent et furent enterrées discrètement en forêt, sans pleurs ni cris des survivants, de peur d'être repérés…

Cette rébellion dure et sauvage battait son plein en plusieurs régions de la RDC, endeuillant des familles, détruisant le tissu socio-économique et jetant l'effroi au sein de la population…

Mes parents habitaient alors Kikwit, ville située à une quarantaine de kilomètre de Soa. Ils m'inscrivirent en cinquième primaire à la célèbre école catholique des Frères Joséphites de Kinzambi. De nombreux élèves de Kinshasa (la capitale de la RDC, jadis appelée Léopoldville), venaient étudier à Kinzambi, du fait de la qualité de l'enseignement. Je dus donc me séparer de Jean-Pierre Matungulu et de plusieurs autres petits amis que je ne revis plus jamais car ils moururent dans la rébellion…

Je passai deux belles années à l'école primaire des Frères Joséphites et deux autres au cycle d'orientation du Petit

Séminaire de Kinzambi, ayant eu une vocation sacerdotale éphémère. Ensuite les prêtres m'orientèrent à Kikwit Sacré-Cœur, une autre mission catholique en face de la ville de Kikwit, sur la rive droite de la rivière Kwilu, pour y effectuer des humanités scientifiques

Des congrégations de prêtres, de frères et de religieuses catholiques avaient fondé plusieurs missions dans notre pays où, à côté de la pastorale, ils s'occupaient avec zèle d'action sociale et sanitaire et d'une éducation de très haut niveau…Ils ont construit des couvents, des maisons, des églises et des écoles qui, bien souvent, sont les seules bâtisses qui résistent encore de nos jours dans certains coins reculés de la RDC, vestiges d'une ère de prospérité que plus d'un regrette…

A LA MISSION CATHOLIQUE DE KIKWIT SACRE-CŒUR

Après quatre années de séparation, je retrouvai mon ami Matungulu à Kikwit Sacré-Cœur, avec un grand soulagement. Nous étions inscrits à l'Institut Saint François Xavier, ISFX en sigle, une école des prêtres Jésuites, de très grande renommée. Nous entamions alors, en 1968, la troisième secondaire de la section scientifique. Jean Pierre était là aussi un élève moyen...Pourtant un détail frappait les observateurs, qui faisait penser que Matungulu avait souffert des affres de la rébellion...En effet son apparence physique laissait à désirer: de taille relativement élancée il était trop maigre; ce qui lui donnait un aspect dégingandé, voire chétif,... Sa santé était très préoccupante et les prêtres se souciaient énormément de lui.

Je rends hommage à ces expatriés, prêtres et laïcs, hommes et femmes, mariés et célibataires. Ils se sont occupés de nous avec un dévouement rare. En effet ils nous ont assuré, de la manière la plus consciencieuse, une instruction de grande qualité et une éducation stricte. Pourtant ils pouvaient mener une vie meilleure chez eux en Europe...Ces personnes sont pour moi plus que des Congolais, eux qui ont su élever ce pays à un niveau très haut où nous-mêmes, les originaires, n'avons pas toujours su le maintenir...

Jean Pierre Matungulu avait comme un retard de croissance, dû probablement, à une malnutrition sévère. Il avait la peau sur les os et un aspect presque squelettique, avec une allure gauche et dégingandée...Les prêtres le soignèrent du mieux qu'ils purent et notre ami reprit, peu à peu, du poil de la bête...Visiblement sa santé était plus rayonnante et sa peau, d'un noir foncé, paraissait d'une meilleure tonicité...Il devenait même plus actif et faisait volontiers du sport, notamment du football...Nous jouions torse nu et pouvions remarquer une turgescence des seins de Jean Pierre telle ceux d'une fille pubère. C'était comme si il avait pris des hormones ou un médicament ayant la gynécomastie comme effet secondaire. Ce détail étrange de sa poitrine nous amusait et naturellement nous le taquinions en lui lançant: « La vierge est enceinte... ».Cela le gênait un peu et il protestait en nous poursuivant sur le terrain de foot; mais le tout se passait dans une ambiance de gaieté et d'insouciance enfantine...De plus en plus Jean Pierre Matungulu prenait du poids et une taille respectable...

En fait Jean Pierre était un enfant étrange. A Lusanga, chez ses parents, il n'avait pas d'amis. Il passait ses journées pendant les vacances dans une cabane qu'il avait aménagée au milieu d'une bananeraie. Il vivait ainsi, depuis l'école primaire, dans la solitude. Il ne se nourrissait pas beaucoup et prenait ses repas fort en retard par rapport à ses frères et sœurs. Ceux-ci apparaissaient tous dodus contrairement à Jean Pierre qui était très mince. Les prêtres ont dû le tirer d'une forme d'anorexie chronique...

A l'école, nous nous collâmes des surnoms car c'était à la mode à cette époque-là...Je pris celui de Cyrano de Bergerac...Nous formions à trois un petit groupe très bouillant avec Jean Baudouin Koy et Odon Malu qui prirent respectivement les surnoms de Mofango et de Delfour. Nous avions baptisé notre groupe les Blousons Noirs, appelé aussi Trio Delcymo, à partir des initiales de nos surnoms...Nous étions tellement unis l'un à l'autre qu'on aurait dit des triplés. D'autres amis prirent aussi des surnoms dont je me rappelle quelques-uns: Dérol, Mathéo, Elvis, Bazouf, Brinch, Massacre, Teddy, Béchrist, Ozimandias, Janos, Beros, Portos, Kéjé, Diderot, Billy, Andrada, Atome, etc.... Jean Pierre Matungulu ne chercha pas bien loin et prit comme surnom Majohn ;Ma, comme Matungulu et John, comme Jean en anglais...Et cela lui allait si bien...Par moment nous oubliions même nos vrais noms et prénoms, pour ne nous appeler que par ces surnoms...Souvent ils incarnaient des personnages auxquels nous nous identifiions...Un de nos amis, très fort physiquement, de petite taille, avec des biceps bien garnis, prit le surnom de Cassius ,du nom du fameux boxeur américain Cassius Clay, alias Mohamed Ali…Et il fallait réfléchir deux fois avant de s'attaquer à lui car il était impulsif et cognait très dur quand la bagarre éclatait . Ceux qui osaient le provoquer, le découvraient à leurs dépens. Il était plus intéressant d'être son ami que son ennemi. Hélas ! Il est déjà décédé, comme Jean Baudouin alias Mofango, Diderot Maleka, Achile Mbala, Charles Mukanda et bien d'autres amis encore…Pour ma part, j'avais tiré mon surnom du héros de la pièce d'Edmond Rostand, le fameux Cyrano de Bergerac. Comme lui je me retins d'exprimer mes sentiments à une jeune fille très belle dont je m'étais entiché, par respect envers l'idylle d'un ami qui prétendait être son copain. Mais pour garder un lien avec elle je l'appelai simplement « ma sœur »et sa meilleure amie devint « ma cousine »…

Les Jésuites avaient mis une grande bibliothèque à notre disposition avec une collection variée de livres. Nous lisions beaucoup d'ouvrages de la Comtesse de Ségur, de la série de Bob Morane, des romans de tous genres, des livres de la littérature classique ,des poèmes, des nouvelles, des pièces de théâtre…Il y en avait de toute origine, depuis les romantiques français et les short story anglais, en passant par les grands noms de la littérature africaine, sans oublier les grosses briques russes…Ajoutées aux cours de français, d'anglais, d'histoire, de géographie, de philosophie et d'esthétique, ces lectures nous procuraient un bon bagage culturel…

Ce fut vers la fin de la quatrième année des humanités scientifiques que le génie de Majohn commença à devenir évident… Nous avions pour exercices et devoirs, des calculs fastidieux avec des fractions superposées, des racines carrées et tout un tas d'opérations qui donnaient des maux de tête et nous prenaient un temps fou…On aurait dit un esprit sadique dont l'unique but était de tourmenter les élèves…Pourtant nous étions ainsi préparés à affronter avec endurance les opérations complexes des mathématiques (limites, dérivées ,intégrales) et peut-être aussi à avoir de la persévérance dans les problèmes complexes et pernicieux de la vie tout en sachant qu'on ne pouvait pas toujours les résoudre tous…

Majohn trouva un moyen de simplifier ces exercices en prenant ce qu'il appelait les « majohnels » des nombres…Cela rendait selon lui les calculs très faciles et il trouvait rapidement les réponses, avant tout le monde ; plusieurs d'entre nous ne terminaient même pas ces casse-têtes chinois…Je dois avouer que je n'ai jamais compris ni cherché à comprendre ces fameux « majohnels » des nombres…Je me demande encore aujourd'hui si certains amis de cette époque s'y étaient intéressés et avaient retenu cette méthode particulière de Majohn.

Peu de temps après, nous nous sommes séparés: Majohn est allé vers l'option Math-physique, et moi en Biochimie; mais nous étions toujours ensemble dans la même école, en cinquième scientifique.

C'était là que le génie de Jean Pierre Matungulu, alias Majohn, avait littéralement explosé…Aux balbutiements de la fin de la quatrième année, a succédé une écrasante domination intellectuelle sur nos deux classes réunies .Nous avions du reste des cours en communs comme l'anglais, l'esthétique, le français, l'histoire, la géographie…Il était toujours premier de sa classe. Alors que tous les autres élèves avaient plus de dispositions dans un cours plutôt que dans un autre, Majohn, lui, était fort dans toutes les branches. Il était doué aussi bien en français qu'en mathématique, en physique qu'en esthétique, en géographie qu'en histoire, en biologie qu'en chimie, etc.…Il n'étudiait pas avec nous le soir, mais il longeait la véranda du laboratoire de physique en chantonnant allégrement le cours dont il avait le cahier en main; c'était sa façon d'étudier. Et il réussissait toujours brillamment aux examens et aux interrogations contrairement à nous qui peinions dans la salle de classe.

La mission catholique de Kikwit Sacré-Cœur était bâtie sur un plateau qui surplombait la rivière Kwilu, sur la rive opposée à celle de la ville de Kikwit. Trois écoles étaient érigées en ces lieux: l'Institut Saint –François –Xavier(ISFX), qui appartenait aux Pères Jésuites et avait la section scientifique avec les options math-physique et Biochimie ;puis l'Institut Don Bosco(INDOBO), de la congrégation des Frères Joséphites, avec deux sections, littéraire et pédagogique, et, enfin, l'Institut Saint André (ISAK) des Sœurs religieuses de la congrégation de Saint André, avec les mêmes sections que l'INDOBO .Ces deux dernières écoles avaient aussi chacune le cycle primaire. L'ISFX et l'INDOBO étaient des internats pour garçons et l'ISAK pour les filles.

Une allée, bordée de part et d'autre de rangées de manguiers, partait des internats des garçons et passait par celui des filles. Nous l'empruntions parfois de jour ou furtivement de nuit pour une promenade, une évasion, au cours de laquelle, nous pouvions apercevoir, saluer, même de loin ou parler à une amie dans la pénombre du soir.

Naturellement il y avait également un camp des travailleurs, des couvents, la grande église de la mission en plus des chapelles dans chaque internat, des terrains de sport et une belle maison de retraite isolée dans le bois, où nous allions de temps à autre nous refaire une santé spirituelle.

La vie à Kikwit Sacré-Cœur obéissait à une rigueur toute religieuse: le réveil très matinal, la douche furtive, la messe, le repas, l'étude, les cours entrecoupés de la fameuse récréation, une pause repas et détente, les cours à nouveau, du sport au choix, le repas du soir, l'étude, les vêpres et enfin le dortoir en silence…Nous étions plongés dans cette monotonie, comme un cycle infernal qui nous ennuyait…Mais nous ne comprenions pas que c'était parmi les plus belles années de notre vie. Nous ne savions pas que les rares personnes que nous allions appeler « amis véritables » dans notre existence, viendraient surtout de cette période, les fameux amis d'enfance. Ce sont des personnes qui, généralement, ont la même origine et la même culture et s'attachent les unes aux autres spontanément sans savoir qui sera quoi dans l'avenir. Leur degré d'affection est semblable à un vrai lien de sang. Dans la vie professionnelle les relations, même les plus chaleureuses en apparence, ont fréquemment des motivations diverses, dominées souvent par l'intérêt et une convivialité toute superficielle qui n'exclut pas des coups bas à l'occasion…

La monotonie de notre vie à l'internat, était entrecoupée de moments plus agréables et très attendus, de rencontres avec les élèves des deux autres écoles…C'était lors d'un match de football contre l'INDOBO (que nous perdions souvent), d'une pièce de théâtre ou de toute cérémonie qui rassemblait tous les élèves du plateau de Kikwit Sacré-Cœur, comme par exemple, les grand-messes lors des fêtes chrétiennes … Les rencontres mixtes surtout, nous mettaient toujours en extase…A cet âge de bourgeonnement de l'enfance vers l'adolescence, où nous voulions tout découvrir, la fille semblait être pour les jeunes garçons que nous étions, le grand et l'ultime mystère autour duquel nous voulions tourner. Parler à une belle fille qu'on aimait bien, était un signe de courage et le sujet de la conversation toute la semaine jusqu'à la prochaine rencontre que nous appelions « kimbwasa»…Parfois, dans ces entrevues, des sortes de couples se formaient où un garçon fréquentait plus assidument une fille …Mais c'était des relations pleines d'innocence enfantine où un baiser volé était déjà un grand exploit…Il y avait aussi des timides qui ne savaient pas adresser la parole à une fille et souvent profitaient d'un ami plus fougueux pour récolter une compagne dans ses nombreuses relations.

Mais en même temps c'était les véritables années charnières de notre vie où nous avons ouvert notre entendement vers les frontières du temps et de l'espace, et les profondeurs abyssales des sciences. Et tout cela nous le devions encore une fois à l'attention si dévouée de ces hommes de Dieu, prêtres, religieuses et laïcs, jeunes et vieux, hommes et femmes, tous

Européens dans le cas de l'ISFX .Ces personnes pleines de bonté, que nous avions si souvent dérangées, croyant qu'ils nous persécutaient alors que leur rigueur à notre endroit, qui nous semblait un défoulement sadique, était le moule où se formait notre personnalité, pour être utile demain à la société. Et je veux leur rendre hommage ici, en citant quelques-uns.

Le père André Ruyssen, notre Recteur: un homme parfait, à la fois efficace et discret, compréhensif et sans esprit conflictuel ; un vrai père de famille.

Le père Henri Loves notre cher préfet de discipline; un homme dynamique et bon, qui savait organiser la vie à l'internat.

Le père Robert (Bob) Albertijn: un jeune homme plein d'énergie, un grand mathématicien, bon et humain. Il échangeait souvent avec Matungulu dont le plus clair du temps était occupé évidemment par la lecture des cours.

Le père Jean Louis Préat: le subtil, le délicat, qui nous a conduit dans la beauté de la langue française; des poèmes comme « Le Lac » de Lamartine et l'analyse de livres tel « Le Grand Meaulnes » d'Alain-Fournier.

Le père Louis Gallez: un homme très attachant et un peu puritain qui, au goût de la forme, nous a ajoutés le sens du fond dans la littérature et nous a plongés dans la profondeur de la philosophie et de l'esthétique. Je peux encore l'entendre nous poser cette question en ricanant devant notre incompréhension: « Montrez comment au Parthénon s'équilibrent la force et la grâce. »

Le père Roger Unsen: un savant tout fait, chauve avec une longue barbe blanche, qui parlait tout seul à haute voix, s'adressant à ses équipements dans son laboratoire de physique.

Le père Henri de La Kéthulle: notre préfet de discipline, jeune et fougueux; un grand chauffeur qui n'avait rien à envier à Juan Manuel Fangio. Il était un homme si bon et surtout un vrai congolais de cœur qui préférait vivre en RDC plutôt qu'en Europe....Son ancêtre, si fameux dans tout le pays, le père Raphaël de La Kéthulle, a laissé entre autres, à Kinshasa, un stade de football qui porte son nom: stade Tata Raphaël.

Le père Paul Haerten: Il savait si bien encadrer les jeunes en colonie de vacances.

Le père Didier de Failly: Venu d'abord tout jeune comme scholastique, il retourna en Europe pour son ordination, puis revint dans notre pays continuer l'œuvre d'éducation qu'il avait entamée.

Le Père Marcel Van Parys qui nous a aussi encadrés efficacement.

Parmi les laïcs je peux aussi citer quelques noms.

Monsieur Paul Scarmure: un homme impressionnant, érudit en géographie, qui savait nous amener à nous pendre à ses lèvres quand il traitait de sujets intéressants comme la guerre entre Israël et les pays arabes, ou celle entre les Etats-Unis d'Amérique et le Japon; il nous a beaucoup marqué. Il vivait en Afrique avec sa charmante épouse.

Monsieur Van de Walle: notre précieux professeur d'anglais, que nous appelions aussi « If », ce qui veut dire « si » en français; c'est le titre d'un texte célèbre de la littérature anglaise que monsieur Van de Walle nous a enseigné. Je lui dois le peu d'anglais que je parle aujourd'hui, alors que des amis s'en moquaient en disant: « Où irions-nous avec l'anglais; nous sommes dans un pays francophone ». Ils ne se doutaient pas alors de l'importance que prendrait la langue de Shakespeare dans le grand village planétaire …

Monsieur Michel Heinesh, notre enseignant de mathématique en troisième et quatrième des humanités scientifiques.

Je peux encore citer d'éminentes personnalités comme monsieur Fagny, monsieur Bousin, monsieur Holbrechts, monsieur Jean et monsieur Briki Christophe, un congolais.

Enfin je mentionne mademoiselle Anne Cailloux, une belle jeune dame, qui enseignait chez les filles, à l'Institut Saint André.

A tous et à toutes, même ceux que je n'ai pas cités ici, je veux dire grand merci, car nous qui avons bénéficié de leur encadrement, nous leur devons, en grande partie, ce que nous sommes aujourd'hui …

Probablement à cause de l'éducation puritaine que nous recevions à l'école, mon ami Majohn n'avait pas de propension à aimer le genre féminin .Il n'arborait cependant pas une mine triste, bien au contraire, il était même très gai; ses cours et un peu de sport lui suffisaient amplement…

Mais pendant les vacances il restait toujours replié sur lui-même. Il se retirait dans sa cabane au milieu des bananiers. Parfois il en ressortait et fixait le regard vers le bois tout proche. Il prenait ensuite de petits enfants pour aller couper des branches d'arbres et les piquer tout autour pour former un enclos, comme un ring de boxe. Majohn mettait ces enfants à l'intérieur et leur demandait de se taper dessus les uns les autres. Les pauvres petits obéissaient et Majohn se régalait du spectacle en ricanant d'un air malicieux. Son entourage s'en étonnait mais personne ne s'alarmait outre mesure car les gens prenaient cela pour un jeu d'enfants dont l'innocence n'exclut pas la méchanceté au passage…

Peu à peu nous sommes arrivés à la fin de notre cycle des humanités en 1972. Nous devions affronter les fameux et terrifiants examens d'état qui, du reste, étaient à leur début, avec une surveillance rigoureuse…La solennité de l'évènement nous impressionnait et augmentait notre trac…

Jean Pierre Matungulu, là encore, brilla de mille feux et réussit aux examens d'état avec 85 %, naturellement premier de sa classe dans l'option Math-Physique et très probablement du pays tout entier. Celui qui le suivait, était loin derrière avec soixante-seize pour cent. Comme toujours Majohn semblait être dans une autre classe que ses condisciples. Aujourd'hui celui qui venait juste après lui est professeur à la faculté Polytechnique à l'Université de Kinshasa…Dans l'autre option, en Biochimie, je terminai premier aussi mais avec seulement soixante-douze pour cent. Nous avions du reste tous réussi en biochimie mais en math-physique un élève avait échoué. La situation était vraiment dramatique pour lui et je ressentais une profonde tristesse car il m'était très proche. Mais il s'était bien ressaisi l'année suivante et avait terminé les humanités et même plus tard l'université, avec succès. Il est aujourd'hui ingénieur civil en Electricité et il travaille à Kinshasa depuis plusieurs années comme cadre dans une importante société pétrolière de la R.D.Congo.

Sur le campus universitaire de Kinshasa

Nous quittâmes alors notre contrée encore très traditionnelle, avec sa simplicité et sa spontanéité pour nous engouffrer dans l'univers compliqué de ce monde imprévisible de Kinshasa, la capitale. Elle était comme l'antichambre de l'Europe, un avant-goût des pays développés, avec son aéroport international qui assurait un flux continu de personnes qui y allaient et en revenaient… Les Kinois nous semblaient toujours supérieurs à nous autres provinciaux, tant ils étaient plus ouverts et connectés au monde extérieur… Nous arrivâmes à Kinshasa avec tout le dépaysement et les complexes que peuvent causer les grandes mégapoles. En outre nous avions des difficultés d'expression car dans la capitale la langue courante était le Lingala alors que nous venions de la province de Bandundu où prédominait le Kikongo. D'ailleurs le français était souvent notre refuge pour transcender ce handicap…

Le Campus de Kinshasa, jadis appelé Université Lovanium, est un grand village universitaire, qui existe encore de nos jours. Il est perché sur une colline, avec de belles et solides constructions, un véritable chef-d'œuvre d'architecture. Cet imposant complexe était une initiative catholique de l'Université de Louvain en Belgique et son premier Recteur fut Monseigneur Luc Gillon.

A notre époque, des grands homes à étages, avec des caves, servaient au logement des filles et des garçons, séparément. Il y avait dans chaque home un restaurant où étaient servis des repas succulents au coût très abordable. Des hommes nantis de la ville, venaient volontiers dans leurs grosses limousines, manger à coté des étudiants. Un parloir avec télévision était disposé dans les homes qui contenaient chacun une grande cour intérieure où se réunissaient et se prélassaient les étudiants…Les toilettes étaient propres et des locaux servaient de bureaux au personnel administratif des homes. Juste au-dessus de la colline dite inspirée trônait un complexe sportif avec toutes sortes de disciplines: football, basketball, natation, karaté, judo, etc. Au-delà du complexe sportif se trouvait le quartier cossu des professeurs, appelé « Afrique du sud ». En effet celui-ci était de très haut standing par rapport aux homes des étudiants. Ceux-ci l'avaient baptisé ainsi car ils établissaient une analogie entre leur situation et le système de l'apartheid où les blancs riches étaient séparés de noirs pauvres.

Les différentes facultés étaient logées dans des bâtisses colossales, à étages elles aussi, avec des caves; elles étaient rangées de part et d'autre d'une route bitumée. Celle-ci était coupée au fond par la faculté mère de Médecine et à l'autre bout par une belle et grande chapelle catholique. Entre la faculté des Sciences et celle des Sciences économiques, se dressait l'imposant Bâtiment Administratif où se trouvaient les bureaux des plus hautes autorités académiques…Une salle de promotion dans ce bâtiment gigantesque servait aux grandes rencontres. Il s'y tenait des collations des grades académiques, des séances de cinéma et des pièces de théâtres. En fait elles étaient toutes des activités qui en appelaient à notre sensibilité. Aussi les étudiants avaient rebaptisé la salle de promotion et l'appelaient ironiquement la salle des émotions. Une immense clinique avec des services divers se situait après la faculté de médecine. Il y avait aussi un centre nucléaire de recherche et un service social avec un bar récréatif et une alimentation …Entre les homes des garçons et celui des filles se trouvait un croisement de route appelé rond-point des sentiments, lieu où s'attardaient souvent de petits couples éphémères d'étudiants langoureux qui causaient ou se raccompagnaient l'un l'autre.

A côté de la grande chapelle catholique il y avait la résidence des prêtres, appelée Vatican 1, et des bureaux paroissiaux. Le home Vatican 2 était réservé aux étudiantes religieuses finalistes.

A côté des cliniques universitaires il y avait une école qui formait des infirmières A2. Ensuite venait, en dévalant la pente, un centre de triage où se tenaient des consultations des malades dont les cas les plus graves étaient référés aux cliniques universitaires. Après le centre de triage, plus bas sur la colline, il y avait le Centre neuro psychopathologique ou CNPP, qui s'occupait de divers cas de troubles mentaux.

Vers le quartier Livulu, l'Université de Kinshasa possédait une école primaire, l'Institut Mont Amba, et un grand service d'intendance qui gérait tout le charroi automobile…

A notre époque tout était très bien organisé à l'université: notre inscription était automatique et chacun trouvait son nom sur une liste auprès de l'appariteur de la faculté où il était orienté…L'étudiant pouvait même changer facilement de faculté si celle qui lui était proposée ne répondait pas à ses aspirations. Nous qui étions inscrits dans les sciences dites exactes comme la médecine, la chimie, la biologie, la polytechnique, les mathématiques, etc. jouissions d'une bourse d'étude généreuse. Les étudiants en sciences humaines (facultés de Droit, Economie, Sociologie etc.) avaient la moitié de notre bourse.

L'étape de l'université vint avec tout ce que cela représentait comme arrogance, désinvolture et libertinage, mais aussi avec un espoir fou d'un monde meilleur …Et dans les pays dictatoriaux à régime monopartite, comme ce fut le cas de la République Démocratique du Congo qui devint la République du Zaïre, les étudiants représentaient pratiquement l'unique opposition naturelle…Tout le reste de la nation était embarqué dans des chants et des danses en l'honneur du Guide Suprême…

Ces folles années estudiantines étaient aussi caractérisées par une insouciance à la limite de l'inconscience qui nous faisait croire que nous tenions le monde dans notre main et que la solution à tous les problèmes était à notre portée. C'était la période contestataire par excellence où l'on voulait que tout fusse droit et sans compromis. C'était le temps de l'audace où toutes nos passions contenues explosaient, comme une fleur qui s'épanouissait au grand jour...C'était encore l'espace d'un rêve où l'on caressait l'illusion comme une réalité certaine...Des idées, des pensées, des projets qui foisonnaient dans nos esprits, étaient pour chacun d'entre nous comme déjà accomplis. Je serai ceci, je ferai cela, j'achèterai telle chose, pouvait-on nous entendre régulièrement dire sur le campus universitaire... Hélas, plusieurs prophéties ne se sont jamais accomplies, bien au contraire...Nous étions dans un tournant et un couloir de la vie où tout paraissait sublime. En fait nous pensions naïvement que l'idéal était un objectif que nous pouvions atteindre et non un but à poursuivre de loin. Nous ne savions pas que dans la vie courante la réalité était complètement différente. En effet beaucoup d'adultes, après plusieurs déceptions et désillusions, renonçaient à la morale. Pour survivre ils se sentaient obligés d'adopter un certain nombre de compromis, généralement rangés dans le rayon de la sagesse humaine par le commun des mortels. Mais, dans le fond, leurs comportements étaient bien souvent synonymes de la peur et de la cupidité...

La République Démocratique du Congo, devenue entretemps République du Zaïre, atteignait, en ces débuts des années soixante-dix, une certaine apogée et une incontestable suprématie dans plusieurs secteurs, sur l'échiquier continental africain. Ce pays aux dimensions gigantesques, à la faune et à la flore variées, avec un réseau hydrologique dense que venait couronner un des plus grands barrages hydroélectriques au monde, ce sous-continent au cœur de l'Afrique, regorgeait de toutes sortes de minerais dont l'or, le diamant, le cobalt et le cuivre, si bien cotés à cette époque-là! La politique de recours à l'authenticité, véritable cheval de bataille du président Mobutu, qui, réaffirmant l'identité culturelle zaïroise par rapport à nos valeurs originelles, devenait un courant philosophique qui attirait l'intérêt de divers milieux dans le monde, même universitaires...

Nous avons ainsi perdu nos prénoms chrétiens car « importés », le port de la cravate ainsi que des pantalons et des mini-jupes pour les dames. Lors de cette révolution culturelle le nom du pays fut changé de 'Congo' en 'Zaïre'. Le fleuve Congo et la monnaie prirent également l'appellation de 'Zaïre', donnant ainsi naissance au fameux slogan des trois « Z »: Z comme Zaïre notre pays, Z comme Zaïre notre monnaie et Z comme Zaïre notre fleuve…Jean Pierre Matungulu dut abandonner son prénom chrétien et se fit appeler Matungulu Matungulu Mwanza ; et moi je pris le nom de Mufwankolo Mundel-A-Ngub' Mwam'…

Nous ne pouvions plus nous appeler 'monsieur' mais 'citoyen'; les Ministres devenaient des Commissaires d'état et les Députés des Commissaires du peuple. Les Provinces se nommaient dorénavant Régions et leurs Gouverneurs, des Commissaires de Région. Les subdivisions provinciales n'étaient plus district, territoire, secteur, mais respectivement Sous-région, Zone et Collectivité…Tout le système était monté pour la vénération et même l'adoration d'une seule personne: le 'Guide Eclairé', le 'Président Fondateur' du Mouvement Populaire de la Révolution(MPR), Parti-état, le Maréchal du Zaïre dont les paroles et les actes avaient force de loi. L'animation populaire, faite de chansons et de danses 'révolutionnaires', complétait le tableau d'une dictature impitoyable. Mais à l'actif du Président Mobutu Sese Seko il sied de reconnaitre qu'il fut le grand unificateur et pacificateur de notre pays.

Toujours dans les débuts des années soixante-dix, La musique zaïroise battait son plein et faisait bouger tout le continent noir, et même des contrées plus éloignées…Les ensembles musicaux et les orchestres foisonnaient dans ce pays où il faisait bon vivre. Quelques-uns peuvent être cités: le ZaikoLangaLanga avec sa danse le cavacha, le trio Madjesi avec le bidundadunda, Franco Luambo Makiadi et son OK Jazz, Rochereau Tabou Ley et l'Afrisa avec la danse Soum Djoum , la chanteuse de charme Abeti Masikini, les Frères

Soki et leur Bella-Bella, le Grand Maquisard de Ntesa Daliens, le Los Nikelos et ses chansons langoureuses, poétiques et lyriques pleines de charme. Il y avait des grands compositeurs comme Pépé Kallé, Joski Kiambukuta, Bavon Mari-Mari, Kiamuangana Mateta alias Verckys, Jeannot Bombenga, Ndombe Opetum, Frank Lassan, Mbilia Bel, Mpongo Love, et tant d'autres…Toute cette merveilleuse musique se perd faute d'un conservatoire pour perpétuer sa mémoire. D'ailleurs, ce sont souvent des étrangers qui la représentent lors des rencontres culturelles internationales… Le Zaïre, redevenu entretemps R.D.Congo reste encore de nos jours une grande puissance mondiale de la musique, tant profane que chrétienne. Hélas ! Elle n'est pas exploitée à sa juste valeur…

Il y avait aussi le succès du football congolais avec des équipes comme V. Club et Mazembe qui faisaient la pluie et le beau temps en Afrique. L'équipe nationale, les Léopards de l'époque zaïroise a représenté le continent africain à la coupe du monde en Allemagne en 1974…Malgré leur talent les joueurs manquaient d'expérience au sommet du football mondial et ont connu des défaites successives. Le football zaïrois ainsi que le pays tout entier ont commencé à sombrer. Et pourtant nous avons encore beaucoup de talents enfouis dans l'arrière-pays et qui ne demandent qu'à être dénichés…Tout cet argent gaspillé lors d'innombrables cérémonies assorties de cocktails, de repas, de pause-café, offerts à des gens qui mangent déjà trop, aurait pu être dépensé plus utilement…

Ces succès spectaculaires de la république du Zaïre suscitaient des réactions contradictoires chez certains Africains. Les uns étaient admiratifs et disaient: « Pour moi c'est voir Kinshasa et mourir ».D'autres, par contre, exprimaient des sentiments négatifs en lâchant parfois: « J'en ai marre du Zaïre ». Il est malheureusement un fait avéré que la haine et la sorcellerie sont des réalités qui gangrènent les relations entre les Africains, à l'intérieur et à l'extérieur de nos pays, entravant ainsi leur développement…

C'était donc dans un contexte d'euphorie générale que nous sommes arrivés à l'université en 1972. Il faisait encore très bon vivre à Kinshasa. Le transport en commun était bien organisé avec des sociétés comme l'Office des Transports en Commun au Zaïre(OTCZ), la Société de Transport de Kinshasa(STK), et la Société de transport du Zaïre(SOTRAZ). Le coût de la vie était très abordable tant et si bien qu'avec notre bourse nous pouvions nouer facilement les deux bouts du mois tout en nous permettant des dépenses de luxe pour l'habillement et le loisir...

Les Kinois étaient très fiers de leur ville qu'ils appelaient Kin-la-belle. Ils évitaient de rendre visite à un grand nombre de personnes, de peur de se soûler. En effet, une des premières questions posées aux visiteurs, était: « Qu'est-ce que vous buvez ? » Et tout adulte normal devait prendre de la bière ou une liqueur. Celui qui prenait un jus ou toute autre boisson sucrée, perdait de la considération et était assimilé aux malades. Mais aujourd'hui Kin est devenue la poubelle et vous pouvez rendre visite à plusieurs personnes, parler pendant des heures sans qu'aucun liquide ni solide ne viennent remplacer votre salive et vos énergies dépensées...Il faut cependant avouer qu'un grand effort est fait pour redonner à la capitale de la République Démocratique du Congo sa belle robe d'antan, si pas davantage...

Jean-Pierre Matungulu prit l'inscription à la faculté de Polytechnique considérée comme la plus difficile de toutes les branches; très peu d'étudiants et presque pas d'étudiantes s'y aventuraient... Mais mon frère et ami Majohn y vécut littéralement des moments radieux de grandeur, d'extase et de gloire...Tout lui réussissait...Tout le monde savait qu'il était un surdoué, un savant. Les autorités académiques attendaient qu'il terminât à la faculté de polytechnique comme ingénieur civil en électricité avant de l'envoyer aux Etats-Unis d'Amérique ou ailleurs. Ce genre de génie était bon pour une spécialisation ou, mieux, pour une initiation dans un laboratoire souterrain où il serait interné avec d'autres chercheurs comme dans une espèce de monastère de savants…Matungulu Jean-Pierre avait régulièrement plus de soixante-dix pour cent des points, et donc réussissait au moins avec la mention Distinction et ce, toujours en première session…Une fois les autorités académiques avaient introduit à l'université la mention passable pour ceux qui avait moins de soixante pour cent, et la correction était extrêmement sévère…Matungulu eut la mention satisfaction, mais il n'était pas satisfait. Il ne trouvait pas intéressant de réussir, même en première session, avec moins de soixante-dix pour cent. Il envisageait sérieusement de revenir en deuxième session pour décrocher une distinction…Cela énerva ses amis qui, pour la plupart, avaient des examens à passer en deuxième session. Ils le trouvaient plutôt arrogant et provocateur; ils lui conseillèrent, s'il y tenait, d'aller approfondir la matière pendant les vacances…

Souvent il arrivait que peu de jours après la rentrée académique Matungulu assistait au cours, muni de son polycop que nous appelions syllabus. Le professeur s'évertuait à expliquer la matière à la page trois par exemple, Matungulu, lui, posait des questions sur la page cent ou deux cents, au grand agacement de tous, étudiants comme professeurs. …Ceux-ci lui répondaient: « Mais Matungulu, nous ne sommes pas encore arrivés là; il faut attendre un peu ». Il s'ennuyait pendant les cours et n'y venait que lors des interrogations dont les points comptaient pour beaucoup sur le total de l'année…

Une fois Matungulu avait fait l'interrogation avec les autres étudiants…A la remise des copies à ceux-ci, il n'était pas là, comme à l'accoutumée…Ses collègues constatèrent avec un grand étonnement que leur éminent camarade avait échoué lourdement ;en effet sur sa feuille d'interrogation il était écrit deux sur vingt …Ils dirent à la dame qui donnait le cours que Matungulu ne pouvait pas échouer pendant que certains étudiants avaient de bons résultats…S'il avait réussi tout seul et que toute la classe avait échoué, cela serait admissible; mais là, la situation leur paraissait étrange et ils étaient complètement abasourdis…La dame s'en moqua et demanda que Matungulu cessât d'exagérer et qu'il étudiât comme tout le monde…

Jean Pierre Matungulu, informé de son échec cuisant par ses collègues et blessé dans son amour propre, vint assister au cours suivant pour comprendre comment il avait pu échouer…La dame expliquait encore le procédé à utiliser pour répondre correctement à l'interrogation quand Matungulu l'interrompit et lui demanda pourquoi elle lui avait collé deux sur vingt…Celle-ci lui rétorqua avec un ton moqueur et agaçant à la fois :

« Tu ne dois pas exagérer monsieur ; tu as intérêt à t'appliquer comme tout le monde. »

Sur ce Matungulu demanda et obtint de passer au tableau pour développer tout ce qu'il avait écrit sur sa feuille d'interrogation… Il démontra à la dame et la convainquit que sa prétendue bonne réponse n'était qu'un petit cas particulier. Pour bien répondre à la question posée il fallait considérer la généralité comme il l'avait développée …La dame, par honnêteté intellectuelle, reconnut la pertinence de la démonstration de Matungulu et se sentit obligée d'ajouter zéro à côté du deux sur sa feuille d'interrogation… Ainsi notre brillant petit savant eut vingt sur vingt sous les applaudissements et les cris de ses camarades hilares, disant à la dame avec des gestes évocateurs: « Qu'est-ce que nous vous avions dit ? Vous voyez maintenant ? Matungulu ne peut jamais échouer… »

Une autre fois Jean-Pierre eut une vive discussion avec l'un des professeurs de très grande renommée. En effet, il avait trouvé une faute dans le syllabus confectionné par l'éminent agrégé des universités. Celui-ci l'avait pourtant utilisé pour former plusieurs générations d'ingénieurs civils qui s'y référaient souvent dans l'exercice de leur fonction…

Matungulu démontra clairement l'erreur contenue dans le syllabus et le professeur fut contraint de corriger son cours, à la grande stupéfaction de tous...

En plein milieu de l'année académique Jean-Pierre Matungulu avait fini de lire tous ses syllabus ou polycops et avait ainsi épuisé le programme des cours de toute l'année. Il errait souvent çà et là cherchant quoi faire...Il s'inscrivit au cours d'anglais, maitrisa très vite la langue de Shakespeare et se mit à animer avec compétence un club d'anglophones...A ce titre, il s'impliqua fortement comme interprète dans les activités lors du combat de boxe des poids lourds à Kinshasa, remporté par Mohamed Ali, ex-Cassius Clay, sur Georges Foreman...Cet intérêt à la boxe ne fut pas sans rappeler à ceux qui le connaissait bien, ses rings de fortune à Lusanga où il forçait de petits enfants à se taper dessus. Dig Sadler lui-même, l'entraineur de George Foreman, retint Majohn comme interprète lors de ce fameux combat dit du siècle. Matungulu Jean Pierre avait un cachet non négligeable de vingt-cinq dollars par jour. C'était une vraie fortune pour un étudiant. Majohn qui avait un grand cœur, redistribuait généreusement tous les soirs un dollar à chacun de ses proches. Il ne gardait généralement que quatre à cinq dollars pour lui-même...

Mon ami Majohn était devenu comme un assistant au Campus universitaire car ses collègues le sollicitaient constamment pour résoudre des exercices difficiles et obtenir des explications sur des parties compliquées des cours. Il se prêtait toujours volontiers à cette tâche qu'il accomplissait aisément tout en répétant sans cesse: « C'est facile, non ? Tu vois ? Très simple... ». Mais souvent ses collègues acquiesçaient par pure forme car ils n'y voyaient que du feu... Une fois un des éminents professeurs de la faculté polytechnique, devait donner une nouvelle matière.

Une des rares photos de mon ami Majohn

Une vue de l'usine de Lusanga

Un hippopotame

Une vue du bâtiment administratif de l'UNIKIN

Une vue la Faculté de Polytechnique de l'UNIKIN

L'Eglise Notre Dame de la Sagesse de l'UNIKIN

Entrée principale du CNPP

Une autre vue de CNPP

Kikwit

Kikwit

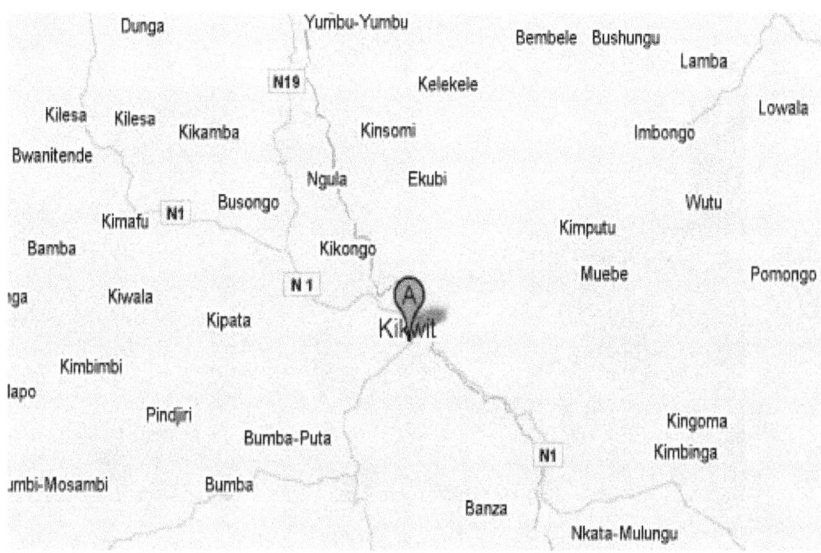

Une carte situant Kikwit

Il fit une longue démonstration. Tous les étudiants suivaient en silence, attendant l'explication pour comprendre. Matungulu qui était là demanda la parole. Tout le monde se demandait ce qu'il allait encore dire car cette matière était encore inconnue aux étudiants. Majohn fit remarquer au professeur que sa méthode était trop longue et qu'il y avait moyen de démontrer plus facilement et plus rapidement l'exercice. Celui-ci lui demanda de passer au tableau pour montrer comment il pensait résoudre le problème. Majohn fit une brève démonstration qui arrivait au même résultat. Les étudiants ne comprenaient rien et avaient l'impression d'être devant deux savants qui débattaient sur un sujet qui leur échappait. Le professeur reconnut la pertinence de l'approche de Matungulu; mais celui-ci avait utilisé une matière qui n'était pas encore enseignée…

Il s'illustra encore par plusieurs autres traits de génie qui démontraient ses capacités intellectuelles hors du commun. Il ne cessait d'étonner chaque jour ses professeurs et les étudiants de la faculté de polytechnique, toutes promotions confondues…Même les étudiants de la faculté des sciences, options Mathématiques et Physiques, allaient prendre des explications auprès de Majohn…Il aidait du reste sans distinction, des étudiants de toute faculté. Si un collègue était bloqué dans n'importe quelle matière, il prenait son cours, le lisait et en une demi-heure lui fournissait l'exacte explication…Il voulut même prendre une inscription concomitante à la faculté d'Economie pendant ses études de Polytechnique, mais cela n'était pas autorisé. Il se disait qu'il ne voulait pas moisir au soleil dans un chantier pendant que d'autres personnes s'enrichiraient, assises confortablement dans des bureaux climatisés. Matungulu Jean Pierre allait souvent dans la chambre d'un de ses amis. Celui-ci était inscrit à la faculté des Sciences économiques. Il demandait ses notes et les dévorait littéralement. Majohn disait à son ami: « Nous sommes tous venus ici pour gagner correctement nos vies. Et toi tu as raison d'avoir choisi l'économie; c'est l'étude de l'argent. Donnes moi quelques-uns de tes syllabus; je préfère aller étudier l'argent. »L'ami lui remettait certains de ses cours tout en rigolant. Mais il était frappé par la clairvoyance de Majohn. Celui-ci comprenait en effet que l'université servait à préparer une vie plus aisée dans l'avenir…

Mon ami Majohn avait gardé ses habitudes cachotières pendant les vacances. Il se refugiait toute la journée dans sa planque au milieu des bananiers. Il passait le clair de son temps à la lecture et à des recherches scientifiques. Une fois sortie de là, il cherchait à expérimenter tout ce qu'il avait appris ou découvert.

Parmi ses nombreuses prouesses à Lusanga, dont nous ne connaissons qu'une infime partie, je peux citer les suivantes :

Jean Pierre fabriqua une bobine en enroulant du fil métallique autour d'un clou; il balançait ensuite un aimant de gauche à droite au-dessus de la bobine de fortune et une ampoule qu'il avait attachée au bout de deux fils s'allumait…Cela attirait et amusait beaucoup de personnes de son entourage.

Il coupait parfois le tronc d'un palmier et y mettait de l'eau qui devenait très froide, prêt du point de congélation. Personne n'a jamais pu comprendre ni expliquer ce procédé pourtant si salutaire aux populations vivant en milieu rural où l'électricité et les réfrigérateurs sont très rares.

Majohn attachait des fils électriques aux bornes d'une batterie et les plongeait dans un sceau d'eau salée contenant une poudre blanche. Quand il poussait la poudre du côté positif, celle-ci prenait un teint pourpre. Dans son entourage plusieurs personnes croyaient que la poudre se transformait en sang et elles se méfiaient de l'apprenti sorcier, le trouvant plutôt mystique…Mais quand il ramenait la poudre rougeâtre vers le coté négatif, elle reprenait sa couleur initiale…Cela constituait des phénomènes intrigants pour le commun des mortels !

Une fois le grand groupe électrogène de la PLC/Lusanga était en panne. Il fallait remplacer rapidement une pièce car la production était bloquée avec un manque à gagner considérable. Seule leur représentation de Kinshasa pouvait résoudre la situation. Hélas l'unique moyen de communication qu'ils avaient à cette époque était la phonie mais celle-ci était en panne. Les autorités de la PLC étaient fort désemparées et se demandaient comment trouver une solution rapide. Le hasard fit que Majohn était présent à Lusanga au moment où le problème s'était posé ! Ayant eu vent de la double panne que connaissait l'Entreprise et de la situation désastreuse qu'elle risquait si une solution rapide n'était pas trouvée, Majohn se dirigea vers l'usine avec une allure calme et sûr de lui. Evaluant bien vite la situation il fabriqua des pièces à partir des restes de vieilles phonies et les monta sur celle qui était en panne ! L'appareil fonctionna immédiatement au grand étonnement de tous, forçant ainsi leur admiration. Chacun se demandait: « Comment il a fait ? C'est incroyable…Cet enfant est un génie ! »Le même jour, le Responsable du bureau de Kinshasa fut contacté et, appréciant la gravité de la situation, dépêcha la pièce de rechange par un avion-taxi; tout revint en ordre…

Majohn a également à son actif d'avoir réduit très sensiblement, d'environ un tiers, la quantité de mazout utilisé pour faire tourner l'usine de la PLC. Cela était d'un apport considérable qui soulageait sensiblement la comptabilité de l'Entreprise. Mais comment fit-il ? Quel procédé utilisa-t-il ? Personne ne comprit la technique mystérieuse mise au point par le jeune surdoué …

Après les vacances mon ami Majohn revenait au campus universitaire de Kinshasa et se mettait tout de suite au travail, avec un engouement qui lui était propre. Pendant que nous baignions encore dans nos souvenirs de vacances, racontant des vraies et fausses histoires, pour impressionner les camarades, Jean-Pierre dévorait littéralement livres et polycops dès qu'ils étaient disponibles.

Les années passèrent vite et Matungulu se retrouva très avancé dans ses études universitaires. Il approchait de la dernière année en Polytechnique…Mais comme il avait terminé tout le programme des cours au milieu de l'année académique, il semblait ensuite déambuler comme quelqu'un qui errait sans but précis, ou mieux, quelqu'un qui courait derrière un objectif impossible à atteindre. Son espèce d'oisiveté commençait à inquiéter de plus en plus les autorités académiques…La grande intelligence de Matungulu semblait tourner dans le vide comme une roue géante isolée, en quête d'une activité qui fût à sa hauteur. La faculté Polytechnique, si crainte et respectée de tous, apparaissait comme une école primaire à ses capacités intellectuelles phénoménales. Aussi fallait-il occuper notre savant pour lui éviter les terribles ennemis que sont l'oisiveté, l'ennui et l'errance…Les autorités académiques décidèrent de lui donner une tâche qu'il n'allait certainement jamais réussir à accomplir, mais qui l'occuperait suffisamment…On le savait têtu car il n'acceptait point l'échec et il allait chercher à tout prix à réussir même si pour eux c'était perdu d'avance…Plusieurs ingénieurs formés et expérimentés, œuvrant dans des entreprises sérieuses, avaient tenté le travail, mais sans succès…Que dire alors d'un étudiant, même surdoué !

L'ascenseur du bâtiment administratif du campus universitaire de Kinshasa était en panne depuis fort longtemps…Les autorités académiques lui proposèrent de l'arranger et elles lui donnèrent une petite équipe de travailleurs et de l'argent…Après quelques études Matungulu entreprit les travaux et, à la grande stupéfaction de tous, il réussit à faire bouger l'ascenseur des profondeurs de la cave au plus haut étage…C'était vraiment incroyable…Comment avait-il réussi cela ? L'admiration que forçait cette intelligence extraordinaire suscita alors une certaine peur car d'aucuns se demandaient si elle n'avait pas une origine surnaturelle… Comme souvent en Afrique, toute forme de réussite sociale est attribuée à la magie, voire carrément à la sorcellerie…Matungulu, semblait vivre sur une autre planète, se souciant très peu de ces bobards. Tel un aigle, il planait littéralement au-dessus de tout et continuait son bonhomme de chemin…

Le succès de la première étape de la réparation de l'ascenseur du Bâtiment Administratif lui ouvrit un autre marché. La Société Zaïroise de Commercialisation des Minerais, SOZACOM en sigle, avait le meilleur immeuble de la capitale. Mais son ascenseur était en panne. Cette extension de la GECAMINES (Générale des Carrières et des Mines), l'ancienne fameuse Union Minière du Haut Katanga, avait sollicité les services des Américains et des Italiens mais aucune solution n'était trouvée…Majohn fit une expérience ahurissante car il remit en service l'ascenseur du fameux bâtiment de la Sozacom ! La goutte déborda le vase; le génie avait atteint son faîte…Qu'est ce qui pouvait encore lui résister ? La prestigieuse Entreprise minière lui promit une embauche à un poste avantageux dès que Matungulu le voudrait, même avant la fin de ses études.

Par la suite Majohn revint à son premier ouvrage du Bâtiment Administratif du Campus Universitaire de Kinshasa. Fort de son expérience à la Sozacom, il s'attela à étudier les appels et les arrêts de l'ascenseur aux différents étages intermédiaires. Jean-Pierre travaillait assidûment avec sa petite équipe, convaincu qu'il était de gagner le pari…Certes, l'ascenseur du Bâtiment Administratif était un modèle plus ancien que celui de Sozacom, mais les principes de base restaient les mêmes…

Il progressait apparemment dans sa réflexion quand soudain intervint dans sa vie une dimension qu'il avait peut-être trop négligé, préoccupé qu'il était par la science et la satisfaction intellectuelle…Il apparaissait comme un philosophe des sciences exactes, avec l'esprit perdu dans les nuages, complètement détaché de certaines réalités ambiantes…Mais la vie, avec ses circonstances multiples, nous attend à la croisée des chemins, nous réservant des surprises comme un tribut que nous devons lui payer, tôt ou tard …

A l'Institut Saint François Xavier nous avions connu de petits flirts qui n'avaient rien de très compromettant. Il s'agissait souvent d'une grande amitié avec une fille, assimilée à l'amour et qui s'évanouissait à la fin de chaque année scolaire…Nous nous offrions des fleurs et échangions des petits poèmes…Bref un romantisme et un lyrisme qui peuplaient nos cœurs et nos pensées sans souvent émouvoir nos corps…Mais apparemment Matungulu ne s'en occupait pas…Il n'était pourtant ni triste ni mélancolique, bien au contraire; mais les filles n'étaient pas son fort…

Et là, alors qu'il cherchait à résoudre l'énigme de l'ascenseur du bâtiment administratif, pour voir comment opérer les arrêts des étages intermédiaires, intervint la rentrée académique. Celle-ci amenait sur le campus universitaire, un flot important de nouveaux venus appelés bleus ou, dans notre jargon estudiantin, « boulets » pour les garçons et, « boulettes » pour les filles…Parmi ces dernières il y avait aussi une demoiselle que Matungulu avait aimée et draguée jadis, dans son Lusanga natal, mais sans succès…Elle était encore plus belle à présent, avec des formes et des rondeurs dont l'adolescence ne l'avait pas encore gratifié… Matungulu ne put que succomber à nouveau à tant d'atouts physiques…Cette enfant au charme innocent, qu'il avait aimée, était devenue une jeune fille à la beauté insolente et au physique provocant…Il se préoccupa très peu de l'échec d'hier car à présent tout lui réussissait…Il n'intégrait plus l'échec dans son système. Autant elle avait repoussé ce minable petit élève de la mission catholique de Soa, autant elle devait tomber aux pieds du grand et invincible savant du Campus universitaire de Kinshasa, et considérer comme un honneur que Majohn daigna encore s'intéresser à elle…Il tenait là sa revanche, comme un coup du sort qui montrerait à la fille qu'elle avait eu tort jadis de rejeter ses avances. Il l'aborda donc à nouveau et, peut-être, à sa manière un peu gauche. Il ne connaissait pas la complexité des femmes, qui sont loin d'être une science exacte: elles acceptent quand elles refusent et refusent quand elles acceptent...Il faut souvent un grand tact pour sortir entier et victorieux du labyrinthe de leur volonté... Hélas de nouveau la jeune boulette resta constante dans son refus de jadis et repoussa dramatiquement les avances de Majohn... Il dût prendre cela pour un système d'équations à deux ou plusieurs inconnues qu'il savait résoudre assez facilement. Il ne réalisait pas que les sentiments avaient une logique autre que la science; il ne comprenait pas que l'amour avait un lit plus sinueux que le cours d'une rivière avec des contours et des périls pour ceux qui s'y obstinaient à tout prix...En amour il fallait parfois savoir perdre ...

Nous avions connu nos déceptions d'amour au secondaire et nos premières larmes de mélancolie, puis une sieste pour oublier, un repas mis de côté, un poème de désolation et la main d'un brave copain qui te tapotait l'épaule en te disant: « Prend courage, sois fort, ça passera » ...Tant et si bien, qu'au bout d'un certain temps nous avons fini par comprendre qu'une fille de perdue c'était dix de retrouvées, et comme disait ironiquement un étudiant assez fougueux: «Mon cher ami, tu t'en fous. Il y en a treize dans la douzaine »...Et l'instant d'après on repartait dans une idylle plus forte que la précédente... Et des fois la fille qui t'avait repoussé, revenait alors vers toi, éprise et consentante, hélas souvent trop tard...Mais Majohn avait été si plongé dans ses cours qu'il ne savait rien sur les flirts de l'adolescence ...Aussi digéra-t-il mal le refus qu'il essuya...Après des insistances assidues mais vaines pour convaincre la jeune fille, il commença à s'en prendre à ses amies. Jean Pierre dût se dire qu'elles influençaient sa bien-aimée pour repousser ses avances ...En effet, comme toutes les amies d'une fille qu'un garçon aime, les compagnes de la dulcinée de Majohn arboraient un sourire moqueur à l'approche de celui-ci. En fait, elles connaissaient l'intransigeance de leur amie sur son refus aux avances du garçon. Sans vraiment se moquer de lui, elles s'apitoyaient plutôt sur son triste sort car elles savaient que ses efforts, même persévérants, seraient stériles…Matungulu, ne percevant point correctement la situation, les prit donc à partie; il eut des discussions vives avec elles et se mit même à les pourchasser en proférant des reproches et des invectives…C'était une erreur fatale! D'abord en agissant ainsi il se faisait détester davantage par la fille qu'il aimait, ensuite il se privait d'une bouée de sauvetage. En effet les amies de sa dulcinée pouvaient influencer cette dernière et renverser à l'avantage du soupirant cette situation désespérée…Mais Majohn était assez gauche et multipliait les maladresses. Comme les choses prenaient une allure dramatique, des amis imposèrent à la fille de le recevoir tout de même…Elle était la petite sœur d'un ami avec qui nous avions étudié à l'ISFX. Selon la culture africaine elle était considérée comme notre propre sœur et nous devait du respect et de l'obéissance…De telles relations étaient généralement délicates et avaient une odeur d'inceste. En effet l'ombre de l'ami planait constamment entre les amoureux et, pour ne pas le décevoir ni le trahir, la seule voie obligée devenait le mariage. Ainsi plusieurs d'entre nous évitaient par principe de nouer des rapports affectifs avec la sœur d'un ami, l'amie de sa sœur ou encore la copine d'autrui…

Le problème de Majohn préoccupait tous ses vieux amis de l'école secondaire, qui essayaient de négocier en sa faveur auprès de la fille. Mais Majohn multipliait les maladresses en déclarant devant eux et la fille: « Ah ! Moi Majohn, il y a des filles là-bas à la cité qui me cherchent et celle-ci me résiste et me fait marcher ! »…En pareil cas, généralement, une fille déjà rébarbative, réagit dans son for intérieur, en se disant: « Alors va chez ces filles-là ! Pourquoi tu viens me déranger ? Fous-moi la paix… »

En parlant des filles qui le cherchaient Majohn faisait surtout allusion à une belle demoiselle qui était tombée follement amoureuse de lui ! Elle habitait chez ses parents, dans une parcelle voisine à celle de la tante d'un ami à Jean-Pierre. Les deux étudiants passaient souvent leurs week-ends chez la tante, dans la commune de Lemba. La fille avait remarqué ce jeune homme discret et sérieux et l'appréciait beaucoup...En bonne kinoise très éveillée, elle ne cachait pas ses sentiments et recherchait constamment la compagnie de Majohn. Celui-ci rébarbatif au début, se laissa petit à petit gagné par cette idylle qui présageait une issue heureuse. Majohn n'envisageait jamais d'afficher des sentiments trompeurs à une fille. Si cela devait lui arriver un jour, c'est qu'il s'était premièrement trompé lui-même ! N'étant pas un don Juan, Jean-Pierre ne pouvait qu'envisager le mariage dans sa relation avec une fille. Mais la tante de son ami s'interposa énergiquement et interdit à Majohn de continuer son amitié avec la fille. Elle prétendit que la petite voisine n'était pas sérieuse et qu'elle feignait d'aimer Majohn par pure cupidité... Ils durent se séparer et la fille, très chagrinée, partit loin en Amérique, pour tenter d'oublier l'homme qu'elle aimait...En fait l'opposition de la tante avait un mobile inavoué. Etant de la même contrée que Jean-Pierre, elle ne voulait pas qu'un tel génie allât épouser une fille d'une autre province ...

Majohn n'éprouva pas une profonde affliction à sa rupture avec la fille de Lemba; juste un certain regret car, de plus en plus, ils se sentaient bien ensemble, entourés de leurs amis réciproques...

Ce vague sentiment de tristesse s'était immédiatement évanoui avec l'arrivée sur le Campus universitaire de Kinshasa de l'unique fille que Jean-Pierre aimait vraiment; l'amour de sa tendre enfance, qu'il essayait éperdument de reconquérir, malgré la persistance de son refus.

Hélas Majohn s'y prenait mal et ne comprenait pas la psychologie féminine ! Il fallait lâcher du lest, faire semblant de ne pas trop insister, laisser passer le temps, donner quelques cadeaux en passant, l'air de rien, à la fille désirée, à ses amis et au besoin à ses membres de famille; et le non le plus catégorique pouvait se transformer en oui...Ne dit-on pas que

« la femme est comme une ombre: suivez la, elle vous fuit; fuyez la, elle vous suit ».

Majohn eut le tort de vouloir coûte que coûte et tout de suite avoir sa réponse positive…Les amis conseillèrent à la fille de le recevoir, même pour très peu de temps, afin de baisser la tension grandissante…Elle accéda à leur requête mais exigea que l'entretien se passa à travers la fenêtre de sa chambre au home des filles, et ce, pendant trois minutes seulement…Tout le monde savait que ces fenêtres avaient des antivols doublés de moustiquaires et seule une aiguille pouvait passer à travers…Mais Majohn se soumît à cet exercice humiliant…Une fois même il s'endormit à la fenêtre de sa dulcinée après que celle-ci l'eut refermée…Les rayons matinaux du soleil le tirèrent de sa torpeur langoureuse et il dût battre en retraite en se jurant sans doute de revenir bientôt à la charge, espérant qu'il aurait un peu plus de fortune.

La situation empirait donc et notre grand savant affichait de plus en plus des troubles de comportement…Il allait se saouler en ville avec l'argent gagné à la réparation des ascenseurs, avalant d'un trait un whisky sec ou une vodka. Il voulait probablement ainsi imiter certains acteurs dans les films sentimentaux, pensant de la sorte noyer son chagrin…Il apprenait à ses dépens le jeu terrible de l'amour avec sa lame qui tranchait sans pardon et qui, comme un vrai couteau, était capable de beurrer une tartine ou de percer à mort un pauvre cœur épris. Il ressentait la douleur lancinante et languissante d'un cœur meurtri dont l'offre aux mille roses était repoussée comme un détritus sans valeur.

Pendant les grandes vacances la jeune fille alla chez ses parents à Bulungu. En effet, après la mise à la retraite de son père à la Plantation Lever au Zaïre(PLZ), ex-PLC, sa famille avait quitté Lusanga pour s'établir à Bulungu. Cette bourgade de plus de soixante mille habitants, est une cité administrative et commerciale située à cent-huit kilomètres de la grande ville de Kikwit. Lusanga est à mi-chemin entre Kikwit et Bulungu.

Quarante familles portugaises avaient établi une colonie à Bulungu et s'adonnaient à des activités agro-commerciales. Ils produisaient le maïs, les arachides, le quinquina, l'hévéa, l'huile de palme et le raphia, faisant de cette cité un véritable grenier agricole où il faisait bon vivre.

Majohn, ayant appris que sa dulcinée s'était rendue chez ses parents à Bulungu, l'y suivit. Il alla plusieurs fois lui rendre visite et lui parler de son projet de l'épouser. Hélas son insistance fut vaine; la fille était encore et toujours inflexible. Trop sûre de sa beauté étincelante, comme une fleur aux pétales multicolores, dans la fraicheur suave de ses vingt ans, elle dédaignait inexorablement ce pauvre jeune homme dont elle trouvait le teint excessivement sombre. Dans une ultime tentative Majohn se pointa chez la fille et menaça de mettre fin à leurs vies si la fille refusait de l'épouser. Mais la pimbêche resta de marbre et Jean Pierre dût battre en retraite pour aller se réfugier chez ses parents à Lusanga. Dans sa petite cabane au milieu des bananiers, il pouvait s'évader et convoler en justes noces avec une dame qui lui était toujours fidèle: la science !

A la rentrée académique Majohn, qui était en dernière année, revint avec l'espoir de fléchir définitivement le cœur de cette amante difficile, mais pas impossible. Il se confiait souvent à ses anciens condisciples du secondaire qui étaient dans différentes facultés au Campus universitaire de Kinshasa. Il leur expliquait tristement son désarroi et sa profonde lassitude. Ceux-ci lui conseillaient d'oublier la fille et de se consacrer d'abord à ses études qui étaient sa raison d'être à l'université. Certains lui disaient même de chercher une autre fille, mais Majohn refusait cette dernière éventualité. Comment pouvait-il renier l'objet de son amour et se contenter d'un substitut ? Il disait qu'il avait bon espoir, que tout allait bien se terminer. Il avait un sens irréaliste de l'amour, comme quelqu'un qui se croyait déjà au paradis.

Toute l'année passa ainsi dans un scénario pénible et humiliant pour notre savant. Malgré son endurance et sa persévérance, tout le monde sentait qu'il accusait dangereusement le coup comme un boxeur malmené qui risquait de tomber K.O. sur le ring. Il n'avait plus la même lucidité, ni sa gaité d'antan. Il alternait des moments de nervosité et de prostration…Il semblait avoir perdu goût à tout…La finalisation de la réparation de l'ascenseur du Bâtiment administratif, un véritable défi intellectuel pour ce grand cerveau exceptionnel, était renvoyée aux calendes grecques…

Entretemps la vie, inexorable, continuait son cours. La session d'examens approchait et Majohn avait besoin de tous ses esprits pour affronter cette ultime bataille. Certains de ses compagnons d'enfance se demandaient comment le tirer de sa torpeur affective et le remettre d'aplomb pour le rude combat final.

Survint alors un acte qui fit déborder le vase. Des amis, voulant sûrement bien faire pour aider leur camarade en difficulté, prirent aisément la fille et la mirent dans une chambre au home des garçons…C'était notre petite sœur et la fille, qui était libre d'esprit et décomplexée, s'y prêta sans rechigner… Mais elle ne savait pas pourquoi elle était conduite comme une victime consentante dans cet abattoir estudiantin… Elle pointait d'ailleurs certains d'entre nous en disant: « Si c'était au moins tel ou tel autre grand-frère qui me sollicitait, j'allais accepter, mais pas Majohn. » Les mêmes bourreaux qui avaient enfermé la fille, allèrent chercher Majohn, leur précieux ami, et crurent l'aider en le mettant en présence de l'objet de ses passions, pour lui faciliter la tâche; du moins c'était ce qu'ils pensaient…Ils les enfermèrent donc dans la chambre, les laissant seuls face à face pour trouver une issue à leur idylle, qu'ils espéraient heureuse …Ils ne se doutaient pas des événements qui allaient suivre…

Majohn dut prendre pour un coup de pouce de la providence la présence à ses côtés de cette charmante sirène, objet de ses passions maintes fois refoulées. Il se sentit comme un fauve lâché devant une proie tant recherchée et dont le consentement importait peu ou plus du tout...Du reste, sa présence dans cette chambre était sans équivoque et devait traduire son consentement. La fille, probablement apeurée, réalisait avec émoi le piège dans lequel elle s'était laissée enfermer. Elle dut se blottir derrière une armoire pour manifester sa désapprobation. La surprise et la peur passées, l'instinct de conservation lui donna du zèle et elle prit une attitude défensive qui montrait clairement qu'elle n'allait guère se laisser faire. Majohn, excédé, comprit que les bonnes manières et la douceur n'étaient plus de mise...Il se mit à crier son désarroi à la jeune fille avec une voix tonitruante, comme si celle-ci était sourde. Il lui hurlait entre autre: « Je ne te veux aucun mal ma belle; je t'aime tant et je voudrais fonder un foyer heureux avec toi ! Pourquoi ne veux-tu pas de moi; pourquoi me repousses-tu, pourquoi, pourquoi... ? » Les bruits attirèrent puis apeurèrent les fameux amis qui rodaient non loin de la chambre .Quand ils comprirent la mauvaise tournure des évènements, ils accoururent et revinrent à la hâte pour éviter le pire, s'il n'était pas déjà fait...Au milieu des vociférations de Majohn ils ouvrirent fébrilement la porte et la fille s'échappa comme une antilope qui a défait un filet et disparut sans demander son reste...Elle avait eu vraiment chaud avec cet amant qui était visiblement hors de lui et capable de tout forfait...

Majohn était fou de rage car il venait de perdre sa proie, si près du but. Il sortit de la cage avec mille regrets et en fureur, trouvant la réalité terriblement maussade. Il s'éloigna sans mot dire comme un général qui avait perdu une bataille, peut-être même la guerre...Il comprenait que ce qui venait de se passer était un quitte ou double par rapport à son idylle avec la jeune fille...Comment pourrait-il encore avoir la faveur de se présenter à sa fenêtre et d'écouter cette voix si tendre qui le berçait malgré son ton un peu hostile ? Il savait, sans pour autant l'accepter, que tout était fini, fichu, foutu, ...Il marchait comme un zombie, comme quelqu'un qui n'a plus envie de vivre, mais qui ne peut pas se donner la mort et qui est obligé malgré tout d'évoluer dans ce monde vraiment maussade...Ses amis le laissèrent partir avec un sentiment mitigé et perplexe croyant d'un côté qu'ils avaient fait de leur mieux pour l'aider mais de l'autre se demandant si c'était vraiment correct de l'avoir poussé ainsi à bout...Certains disaient que c'était lui-même qui avait tout gâché...Mais le mal qu'on fait à autrui disparait bien vite dans les archives intérieures des justifications qui couvrent le remord et permet au malfaiteur de banaliser la situation...Après tout, personne n'était ni blessé ni mort, du moins en apparence...Ils allèrent donc noyer leur perplexité en buvant de la bière dans un petit bar d'étudiants appelé « Goutte Epaisse »...Certains prirent la direction du complexe sportif pour jouer au football, faire du karaté ou de la natation... Mais Majohn s'avançait comme un automate en déambulant çà et là, l'esprit perturbé et la conscience torturée, se demandant s'il devait bénir ou maudire la providence qui l'avait approché si près du bonheur...

La vie estudiantine poursuivait son train-train quotidien... L'année académique touchait à sa fin et la grande session d'examens approchait, menaçante et terrifiante comme une épée de Damoclès. Déjà les esprits commençaient à se surchauffer et les étudiants arboraient des comportements différents par rapport au reste de l'année... Il n'y avait plus de fêtes d'anniversaires au campus universitaire alors qu'elles pullulaient pendant l'année. C'était comme si aucun étudiant n'était né en cette période...Alors qu'avant ils fêtaient même des anniversaires d'accidents, de tel ou tel autre évènement...Tout était bon pour faire la fête...Pendant cette période ceux qui étudiaient régulièrement et beaucoup, les fameux « Fumutchik », étaient déconsidérés. Ils apparaissaient comme des minables et des misérables qui n'avaient pas assez de moyens pour se distraire et se réfugiaient dans leurs cours. Mais avec l'approche des examens la situation était renversée. Ceux qui s'étaient déjà bien préparés ne comprenaient pas la frénésie de certains étudiants qui ne quittaient plus les auditoires de jour comme de nuit pour soi-disant bien bosser. Et souvent c'était des scènes burlesques où un étudiant ouvrait un gros syllabus, feuilletait les pages jusqu'à la fin, le refermait, le soulevait puis le reposait sur la table en soupirant, l'air de se demander s'il arriverait à tout lire avant le début des examens. Ensuite il prenait un autre syllabus, puis un autre encore et ainsi de suite... Il recommençait chaque fois la même scène, avec des soupirs de plus en plus forts, avant de revenir au tout premier syllabus pour se décider enfin à bûcher.

En plus du sprint final pour les cours, les étudiants redoutaient l'approche de la saison sèche si froide où ils se sentaient obligés d'aller passer la nuit dans les auditoires comme des rats de bibliothèque...Etant donné que leur alimentation n'était pas consistante, ils parlaient alors du syndrome des trois « F » que sont le froid, la faim et la frousse, qui les affectaient en cette période...Filles et garçons étudiaient côte à côte sans arrière-pensées comme si la crainte des examens leur avait donné aussi celle de Dieu...D'ailleurs c'était pendant cette période que la grande chapelle catholique, un véritable chef d'œuvre d'architecture, était le plus fréquentée...

Majohn était donc en dernière année de polytechnique. Evidemment, malgré ses déboires affectifs, il était en dehors de la frénésie générale car sa cote de l'année était déjà très élevée et comptait pour cinquante pour cent de la cote totale. Il n'avait plus besoin de beaucoup de points pour réussir...Malgré tout, il voulait toujours avoir le maximum de points.

Depuis son incident malheureux dans la chambre avec la fille qu'il aimait Majohn ruminait son chagrin dans la solitude et l'isolement...De temps en temps il faisait des apparitions brèves et furtives quand nécessité obligeait...Dans ses yeux rougis par le chagrin on pouvait percevoir le drame effroyable qui le minait inexorablement comme une gangrène ou un ulcère, de façon irréversible. Majohn, jadis si hilare, avait perdu goût à la vie et il s'enfermait seul dans sa chambre pour noyer sa peine dans l'alcool...

Un soir, un groupe d'amis, revenant de la cité, le trouvèrent à l'entrée principale du Campus universitaire de Kinshasa, appelée communément trafic. Il marchait tout seul avec un air fortement préoccupé…Ils le saluèrent et lui demandèrent ce qui se passaient…Ils s'attendaient peut-être à une complainte de plus sur sa dulcinée qui lui résistait toujours, mais ils furent surpris par sa réponse…Il leur dit sans sourciller qu'il avait un plan pour faire un coup d'état et que c'était la dernière chance…S'il ne le faisait pas à cette occasion ce serait difficile après… Il disait que son plan était bien conçu et qu'il était sûr de son succès…Le lendemain en effet, le Président de la République du Zaïre, le très craint Mobutu Sese Seko KukuNgbendu Wa Zabanga ,devait donner un meeting populaire au stade du 20 mai ou Tata Raphaël, devant une foule immense…Le président Mobutu aimait beaucoup cet exercice démagogique qui lui permettait souvent de berner le peuple en lui racontant des histoires. Il cherchait surtout à baisser la tension qui couvait dans le pays, spécialement par rapport au social. Il y avait une inflation galopante à trois chiffres et le pouvoir d'achat était au plus bas ….

Pour Majohn, notre savant, la tenue du meeting populaire au stade du 20 mai ,était l'occasion rêvée pour prendre le pouvoir…Les amis médusés, interloqués, abasourdis, se demandaient si c'était une blague ou s'il était sérieux…Certains qui étaient déjà en année terminale de médecine, reconnurent en ses propos une forme de démence et lui demandèrent subtilement de les accompagner au centre neuropsychiatrique, non loin de là, communément appelé CNPP…Ils voulaient éviter que l'état de leur ami n'empirât…Majohn, ne se doutant de rien, les accompagna tout en causant, chemin faisant, avec ses amis…Quand ils arrivèrent au centre les infirmiers de garde reconnurent leurs médecins stagiaires et les accueillirent avec joie…Il leur fut demandé d'établir une fiche; ce qu'ils firent sans problème…Mais à la question de savoir où était le malade, les amis indiquèrent l'un des leurs avec qui pourtant ils parlaient allégrement…Surpris, Majohn tenta de se défendre et de s'enfuir en criant qu'il n'était pas fou. Mais les fous sont comme les ivrognes, ils ne reconnaissent jamais leur état. Les infirmiers le maitrisèrent et l'amenèrent dans un des pavillons de l'asile des vrais fous…

Etait-ce vraiment de la folie, une bévue ou peut-être un trait de génie de notre surdoué ? Toujours est-il que personne n'a jamais cherché à connaître son fameux plan. La gravité et l'audace de sa démarche suffisaient pour le traiter d'insensé. D'ailleurs plusieurs autres étudiants surmenés, déprimés ou carrément détraqués, s'en prenaient souvent au Président Mobutu Sese Seko. Mais chez ce genre de personnages hyper-intelligents comme Majohn, les choses les plus difficiles pouvaient prendre des allures anodines et, comme une blague, bouleverser le cours des événements…Hélas le génie parait si proche de la folie, pour le commun des mortels, que l'un et l'autre leur échappent…D'ailleurs on raconte qu'un jour sur les murs d'un asile un fou avait écrit: « Nous ne sommes pas tous ici…»

Les amis de Majohn, conscients d'avoir bien agi, pour préserver le pire à leur ami et frère, s'en allèrent le cœur léger…

Personne ne sut ce qui se passa après leur départ …Je me dis que Jean Pierre n'était pas vraiment fou…Sûrement il devait être fortement surmené, meurtri et excédé dans son for intérieur avec la grande déception qu'il avait connue. Majohn ne concevait ni n'intégrait plus l'échec dans son système. Il devait prendre la vie dans la logique d'un cours où il pouvait toujours réussir avec distinction…Le peu de lucidité qui lui restait lui fit voir le degré de déchéance dans lequel il était tombé…L'humanité en général et ses amis en particulier, lui parurent comme des personnes dangereuses capables du pire…Il était contraint de passer la nuit avec des vrais fous dont l'incohérence a dû lui faire penser qu'il était en enfer…Nous avons seulement appris qu'il avait trompé la vigilance de ses geôliers et s'était enfui… Il ne revint pas à l'université mais s'en alla à Lusanga chez ses parents, dans un véhicule, à plus de 500 km de Kinshasa…Comment un fou pouvait-il aller ainsi en compagnie des personnes saines d'esprit, payer le transport et retourner chez ses parents sans incidents majeurs…On me dira que la folie a ses degrés, mais je pense que, aussi fou fut-il, Majohn ne l'était pas tout à fait…Autrement nous serions tous des fous, chacun à son degré…

Une fois dans son Bandundu natal, au lieu de le laisser se reposer et récupérer ses esprits, d'autres ennuis survinrent qui le plongèrent davantage dans la démence…Comme toujours en Afrique, il fallait trouver dans la famille le coupable qui avait provoqué cette situation…Quelqu'un s'était-il plaint un jour ou avait-il prononcé des mauvaises paroles à son endroit ? Comme les dissensions ne manquent jamais là où il ya des hommes et des femmes, les membres de sa famille élargie trouvèrent tour à tour des coupables parmi eux. Même son père fut soupçonné d'être le sorcier qui voulait manger son fils pour garantir son emploi et sa promotion à la PLZ…Après avoir subi des cérémonies coutumières, Majohn fut envoyé chez son frère. Celui-ci était enseignant à Kikwit Sacré-Cœur, là où nous avions étudié…Il devait s'y reposer afin de reprendre sa lucidité. Ne voulant pas voir Jean-Pierre déambuler de ci de là, son frère lui fit attacher des morceaux de bois très lourd aux pieds… Notre savant ne supportait pas cela et, tout en vociférant, il tentait en vain de défaire les liens. Aussi s'efforçait-il, dans un spectacle burlesque et désolant, de marcher péniblement en trainant les pieds …

Malgré son état précaire, il résolvait encore très bien des équations mathématiques, des calculs des limites, des dérivés et des intégrales doubles. Il faisait les épures et les rabattements des plans…Il résolvait facilement des exercices de physique, particulièrement sur l'électricité. Cela semblait même faire oublier un moment qu'il souffrait de psychose…

Les religieux, voulant lui changer les idées, le laissaient des fois aller dans la classe terminale, en sixième scientifique, pour qu'il expliquât certains cours aux élèves…Ceux-ci étaient toujours contents de recevoir Majohn car malgré les présomptions de folie qui pesaient sur lui, il exposait très bien la matière et résolvait facilement les exercices. Mais après quelques séances, il déraillait complément et commençait à raconter n'importe quoi…Les religieux durent arrêter cette expérience périlleuse…

Majohn resta encore quelque temps à Kikwit Sacré-Cœur. Des soins traditionnels lui étaient administrés et peu à peu son état s'améliora sensiblement…Il put même retourner à l'université en dernière année de polytechnique. Ce fut la joie, vraie ou feinte, de tous sur le campus universitaire…En effet le succès des hommes brillants entraine toujours des jaloux. L'effacement de Majohn avait dû soulager certaines personnes malveillantes. Elles se disaient : « Que croyait-il ? C'en est fait de lui. Ses propres fétiches l'ont achevé ».Et ils se réjouissaient de son infortune…Combien il est triste de constater que beaucoup d'hommes prennent la vie en concurrence et, au lieu de s'occuper de leur propre bonheur, ils sont plus satisfaits par les malheurs d'autrui …

Majohn revint sur le Campus Universitaire de Kinshasa. Il avait accumulé du retard avec ses ennuis de santé mais comme généralement il était en avance, il n'éprouva pas de graves difficultés pour se remettre dans le bain. Il prit un sujet de mémoire de fin d'étude comme il était en dernière année polytechnique, option électricité. Mais, à la grande surprise de tous, ce fut un sujet de médecine portant vraisemblablement sur les phénomènes électriques de l'hémodynamique cardiaque. Il fut obligé de prendre des cours supplémentaires à la faculté de médecine, notamment sur l'anatomie, l'histologie, la physiologie et naturellement la cardiologie. Il allait régulièrement aux cliniques universitaires de Kinshasa, échanger avec les professeurs qui dispensaient ces cours. Ceux-ci étaient surpris par sa capacité d'assimilation, la logique de son raisonnement et les perspectives pour l'amélioration du traitement par électrochoc des crises cardiaques. Il voulait comprendre la contexture des phénomènes électriques du corps humain dans lequel il ya beaucoup de phénomènes physiques comme la tension artérielle, la force contractile, l'influx nerveux, etc. Majohn considérait que la séparation des facultés était arbitraire car, selon lui, un médecin qui avait des cours en polytechnique pouvait mieux appréhender certains aspects des dysfonctionnements du corps humain et y remédier plus facilement...Il trouvait qu'il y avait une interconnexion vertueuse entre les différentes branches universitaires et que la séparation traditionnelle des facultés ralentissait l'évolution. Mais comme un homme ne pourrait pas tout assimiler, Matungulu pensait qu'il était opportun d'introduire, à côté de la matière principale, des rudiments d'autres branches... Il préconisait notamment, chez des patients atteints du cœur, ayant un risque élevé d'infarctus du myocarde, le port d'une pile qui jouerait automatiquement le rôle du pace maker, en cas d'arrêt cardiaque. Ce système pouvait relancer le cœur avant d'atteindre un centre hospitalier car, dans beaucoup de cas les malades mouraient en chemin...Majohn progressait lentement mais surement dans la réalisation de son mémoire qui apparaissait déjà comme une révolution...

Mais les gens, surtout ses soi-disant amis, commencèrent à gloser autour de son choix du sujet de mémoire...Comment un ingénieur peut-il aller prendre un thème médical pour un travail de fin d'études ? Sûrement c'était encore sa folie qui faisait cela ...Et ils se payaient sa tête en ricanant derrière son dos...N'étant pas dupe, Majohn percevait ces attitudes équivoques et en souffrait en silence. Comme une conviction ou un souhait les gens le déclarèrent encore fou, si pas tout à fait, du moins en partie...Il sentait les regards hostiles de son entourage pesant sur lui comme une condamnation contre laquelle il ne savait pas se défendre .Tel un noyé à bout de force, Majohn s'enfonçait peu à peu dans les eaux perfides de la folie. Presque tous l'observaient de loin au lieu de le secourir par des mots gentils et encourageants ou par une attitude prévenante. Au contraire plusieurs étudiants, craignant qu'il ne revînt avec sa forte suprématie intellectuelle, le dédaignèrent et l'invectivèrent. Certains étaient sûrement heureux de voir ce lion d'hier, à l'allure majestueuse et triomphante, ramper comme une taupe cherchant où se cacher…Majohn résista encore quelques temps, surpassant la marée de plus en plus haute des attitudes offensantes de ses camarades et du groupe de ceux qui auraient dû le soutenir en pareille circonstance. En effet, depuis l'incident malheureux de la chambre, il n'avait plus droit à ses trois minutes à la fenêtre de sa bien-aimée…Ces moments furtifs de bonheur étaient pour lui un temps de grâce d'où il tirait l'espoir d'un lendemain meilleur…

Retour définitif à **KIKWIT**

Se sentant abandonné et combattu, Majohn finit par craquer et plonger encore plus dans la dépression et la démence. Il s'enfuit du campus universitaire et partit de nouveau pour Kikwit au Bandundu…J'imagine cette fois que les gens s'étaient encore réunis et avaient dû dire que la première fois la situation n'avait pas été bien arrangée. Il fallait payer d'autres coqs, d'autres chèvres, un peu de sel, du savon, le faire passer entre les jambes de tel ou tel autre oncle, et tout un tas d'autres choses…Peut-être que certains en posant ces actes la première fois, n'avaient pas été tout à fait sincères; aussi fallait-il reprendre tel ou tel aspect de la procédure pour arranger une fois pour toutes la situation du malade. Des potions et des breuvages lui étaient donnés qui, hélas n'amélioraient pas le tableau. Bref, Majohn fut pris dans la spirale des gens qui probablement lui firent plus de mal que de bien, sans forcément être mal intentionnés, avec des pratiques fétichistes douteuses relevant plus de la magie que de la médecine traditionnelle. Ils ont dû ainsi l'enfoncer, consciemment ou pas, de manière progressive, dans le monde infernal des esprits méchants…

Jean Pierre Matungulu, alias Majohn, le grand savant, devint alors complètement dément, reconnu comme tel et déambulant à Kikwit le long de la grand-route…Comme si leur forfait était accompli, quand l'irréversibilité de son état mental devint claire, il fut abandonné ainsi à lui-même par tous, et se mit à vagabonder çà et là, errant dans les rues de Kikwit comme une brebis égarée, comme un chien sans maître…

Il allait des fois près de la grande cathédrale catholique, dans une école des filles, les aider à résoudre des exercices compliqués de mathématique et de physique…Cela surprenait énormément tous ceux qui n'avaient pas connu les heures de gloire de ce savant perdu…Majohn se pointait le matin avec les autres enseignants. Il était propre et s'habillait correctement. Quand les cours débutaient, tout le monde entrait dans les salles de classes; Majohn restait dans la cours. Il écrivait sur un tableau disposé à même le mur. Toutes les élèves qui ne comprenaient pas la matière dispensée en classe, allaient à lui pour recevoir de plus amples explications. Certains enseignants le consultaient discrètement pour résoudre des exercices très ardus. Majohn avait des formules personnelles qui aboutissaient aux mêmes résultats que les méthodes conventionnelles; elles paraissaient d'ailleurs mener plus rapidement à la solution. Elles ne furent cependant pas retenues car, après tout, ces formules venaient d'un fou qui ne pouvait tout de même pas instruire des personnes sensées, du moins officiellement ! Mais la vraie raison était que, comme nous à l'ISFX avec les majohnels des nombres, aucun enseignant ne comprenait ni ne savait expliquer lesdites formules. Majohn avait donc gardé toutes ses facultés intellectuelles malgré son état psychique précaire. Dans ses échanges avec les gens, après un instant de lucidité et de cohérence, il finissait souvent par divaguer, se réfugiant dans sa démence, probablement pour fuir la réalité décevante de cette terre des hommes.

Sur le Campus universitaire de Kinshasa, l'absence de Majohn se ressentait fortement. Ce chef d'orchestre du monde scientifique, qui suscitait les espoirs les plus fous de tous, était relégué dans sa province natale, loin de la capitale…Là il était considéré sûrement comme un minable fou, un moins que rien, un rebut de la société. Les gens devaient le prendre pour une sorte de taré dont même les idiots se payaient la tête…Nous, ses amis d'enfance, le portions toujours dans notre cœur et de temps en temps nous recevions de ses nouvelles, les unes toujours plus tristes que les autres. Son état ne s'améliorait pas, au contraire il s'enfonçait toujours irrémédiablement et plus profondément dans la démence…Vint alors le temps du remord et des regrets. En effet nous aurions pu mieux nous occuper de Majohn et éviter certaines erreurs… Mais il est un constat dans la vie: les gens ne s'occupent pas souvent des malades mais affluent quand ils meurent; et une personne peut vivre un drame sérieux sans émouvoir outre mesure son entourage jusqu'à ce que vienne l'irréparable; alors tous accourent, hélas trop tard…

Le bruit courut une fois que Majohn était mort, noyé dans la rivière Kwilu…Je fus bouleversé qu'un si grand destin se termina ainsi comme une lettre écrite sur l'eau, sans laisser de traces…J'étais très triste et je pensais souvent à Majohn, le cœur brisé, la mort dans l'âme…Ce destin malheureux me semblait absurde, injuste et même révoltant. Même si mon sort n'était pas si brillant non plus car entre séjours en Europe et en Afrique, je n'ai pas pu terminer mes études de médecine, au grand étonnement de tous. Avec l'âge qui avançait et les responsabilités familiales qui grandissaient, je me suis résolu à travailler…Mais du moins j'étais vivant et donc tout espoir était encore permis…

Un jour, de passage à Kikwit je vis un ami médecin avec qui nous avions étudié à Kikwit Sacré-Cœur, à l'ISFX. Il travaillait dans un grand hôpital de la place…Comme l'ombre de Majohn me hantait toujours, je ne pus m'empêcher de lui demander de ses nouvelles, probablement pour avoir la confirmation de sa mort .Mais quelle ne fut pas ma surprise lorsqu'Il me dit que Jean-Pierre Matungulu, alias Majohn, était bel et bien à Kikwit, bien vivant en chair et en os, et que si je voulais le voir il pouvait m'amener là où on le trouvait facilement. Mon cœur bondit de joie; il n'était donc pas mort ! Ceux qui l'avaient enterré intellectuellement, voulaient aussi l'ensevelir physiquement par des faux bruits ! Je ne me suis pas fait prier et nous sommes montés aussitôt sur la moto du docteur et nous sommes partis sur l'artère principale de Kikwit, appelée « grand-route »…Je brûlais littéralement d'envie de revoir ce vieux frère, ce vieil ami de ma tendre enfance…Peu après la route en direction du grand marché, il me dit: « Le voici, il est là ».Il parlait de Majohn d'un ton si banal, comme si c'était une situation normale; il esquissant même un sourire. Je compris qu'il avait l'habitude de le voir régulièrement, comme il vivait à Kikwit, et que, pour lui, l'émotion était déjà passée …

Je frémissais à la pensée de voir à nouveau Majohn vivant. Peu m'importait son état, je devais l'approcher. C'était dans la pénombre du soir .Je croyais rêver. Je vis mon ami d'enfance de la mission catholique de Soa et de l'Institut Saint François Xavier à Kikwit Sacré-Cœur. Il était debout, avec sa haute taille, perdu dans une foule dense de passants qui, ne le connaissant pas bien, se moquaient de lui…Nous nous sommes arrêtés et nous sommes allés vers lui…Il se passa une chose qui m'a toujours intriguée ! Etait-il vraiment fou ou s'agissait-il d'un phénomène étrange qui nous dépassait ? Toujours est-il qu'il m'appela par mon prénom, disant: « Dieudonné… »…Il m'avait reconnu, comme ça, comme si de rien n'était, comme si nous nous étions séparés la veille au soir et nous nous retrouvions là…Je le saluai en l'appelant Majohn et lui serrai la main…Il paraissait content de me voir...Je lui demandai comment il allait; Il me dit avec une certaine lassitude: « Ça va; mais je suis fâché contre vous et contre les femmes et leurs enfants. » Là encore l'allusion était claire ! Il n'avait rien oublié des entourloupettes qu'il avait subies des uns et des autres…Je lui demandai ce qu'il faisait dans la rue et lui recommandai vivement d'aller se reposer à la maison …Il me tendit la main remplie de billets de banque voulant m'offrir de l'argent que je refusai de prendre…Nous parlâmes encore un peu. Je me mis à insister sur le fait que nous l'avions envoyé là pour qu'il se reposât et qu'après il allait revenir aux études…Comme je l'acculais sur ce point, espérant naïvement qu'en se reposant il récupérerait ses facultés mentales, un phénomène étrange se produisit que la médecine appelle un dédoublement de personnalité…Il se mit à me dire, le regard lointain, les yeux fixes: « J'ai un enfant comme toi, il passe ici tous les jours, j'ai commandé des camions qui vont venir. »Un vrai délire, avec tout un tas de propos incohérents…Il parlait de lui-même comme s'il s'agissait d'une autre personne: un enfant à lui qui passait là tous les jours, c'était lui-même ! Avec l'expérience spirituelle que j'ai aujourd'hui, je sais que c'était un esprit démoniaque logeant en lui, qui m'avait parlé ! Un démon méchant qui lui faisait dire ces faussetés, un esprit de démence…Par moment il retrouvait sa lucidité et c'est comme ça qu'il m'avait reconnu et que des fois il pouvait aider à résoudre des opérations compliquées de Mathématique et de Physique…Mais chaque fois cette possession diabolique prenait le dessus et il finissait par dérailler… Un pasteur aguerri aurait pu l'en délivrer…Mais étant sans expérience spirituelle en ce temps-là, sinon le train-train quotidien de la religion, comme une parure dorée et inefficace, je n'ai pas su appréhender correctement la situation et je n'ai rien pu faire pour aider ce vieux compagnon si délabré. Je constatai seulement que j'avais perdu le contact avec lui et toute conversation devenait un dialogue de sourds…Le cœur brisé, la mort dans l'âme, nous avons été contraints de le laisser là et de partir à la commune de Kikwit II.

Là nous avons vu une dame qui nous avait aperçus en pleine conversation avec Majohn sur la grand-route. Elle se moqua de nous car elle se demandait comment nous pouvions parler à un toqué qu'elle appelait: « le fou qui parle Français »…Ainsi Majohn en était réduit à ça…Un si grand destin…La dame ne pouvait pas comprendre que c'était un ami, un frère et que pour moi Majohn ne pouvait jamais n'être qu'un simple fou…

Dans la suite je me suis retrouvé en Italie où j'ai eu un ami, Alessandro, qui était en dernière année d' « ingenieria », l'équivalent de la faculté de polytechnique …Il avait pris un sujet de mémoire de fin d'études et c'était sur la médecine. Il devait traiter sur l'hémo-dynamisme comme phénomène physique avec sa double pompe aspirante et refoulante qu'est le cœur. Il allait prendre, de ce fait, des cours supplémentaires de médecine pour écrire son mémoire…En apprenant cela je faillis tomber à la renverse. Alessandro n'était pourtant pas fou et nous causions très bien avec ce vrai italien, gai et gentil…Je ne pus m'empêcher de penser à mon ami Majohn traité de fou pour la même raison…Je sus ce jour-là que vraiment l'enfer c'était les autres comme l'ont dit les existentialistes…Je compris que les génies sont des futuristes mal adaptés à leur temps…

Une fois revenu à Kinshasa, je marchais le long du boulevard du 30 Juin, au niveau du terrain de golf à côté du cimetière de la Gombe. Je vis un fou qui écrivait sur une feuille de papier des signes, des chiffres et des lettres de façon inintelligible. Mais il paraissait si heureux, épanoui même, arborant un large sourire de satisfaction, comme s'il comprenait quelque chose à ces arabesques. Il était vraiment absorbé et captivé par son travail et ne faisait pas attention aux passants. J'eus une grande compassion pour cet homme perdu, à l'esprit embrouillé et qui écrivait des sottises. Intrigué, je continuai mon chemin et me mis à penser, instinctivement, à ce cher Majohn… Beaucoup d'années après j'entrai en contact avec le monde de l'internet. Dans la barre des sites web je voyais défiler d'étranges signes semblables à ceux qu'écrivait le fou sur un morceau de papier. Je ne pus m'empêcher de me rappeler ce fou et me demandai s'il ne connaissait pas déjà l'internet avant beaucoup de personnes dites « normales »…Le génie et le fou sont parfois si proches; ce sont des extrêmes qui se touchent dans ce monde qui est une rondeur fermée…

Je n'ai plus jamais revu Majohn…Il a dû déambuler ainsi à Kikwit, mendiant son pain çà et là. Il passait de temps en temps à l'école des sœurs religieuses, à côté de l'imposante cathédrale, prendre un petit repas chez ces élèves si reconnaissantes. Il les aidait en effet à résoudre des exercices difficiles de Mathématique. Mais son état mental empirait et sa santé physique se désagrégeait…Les nouvelles de Majohn devenaient rares. Tout le monde s'accoutumait désormais à le voir vivre ainsi en qualité de fou…Du reste il n'était pas agressif. Personne ne chercha vraiment avec patience et endurance à le tirer de l'impasse où il était ni de lui donner les soins appropriés…Pourtant à Lusanga où il a vécu il y a encore aujourd'hui une grande clinique psychiatrique qui rend d'énormes services aux patients présentant diverses psychoses…

Hélas, un beau jour nous reçûmes l'information que monsieur Jean-Pierre Matungulu, alias Majohn avait quitté cette terre des hommes…C'était le 02 Juillet de l'an deux mille. A la profonde tristesse que j'éprouvai, succéda tout de même un certain soulagement. En effet, mon ami Majohn n'allait plus désormais subir cette grande humiliation qui était son lot quotidien de la part des badauds qui le houspillaient et se moquaient de lui. Certains même, le poursuivaient avec des jets de pierre car pour eux, Majohn était lui-même la cause de son malheur, ayant cherché des fétiches pour avoir du succès…

SUBLIMATION

Majohn est parti sans laisser de traces. Il n'a pas même eu un enfant qui pouvait être son représentant sur la terre. Nous aurions pu revoir les traits de son père sur lui. Il serait sans doute aussi intelligent que son géniteur.

Majohn a disparu avec son bagage intellectuel phénoménal, sans laisser une seule invention. Il aurait surement eu au moins un prix Nobel de physique, en concevant Dieu seul sait quelle machine !

Majohn s'en est allé sur la rive de l'éternité emportant peut-être une voiture ou une fusée qui marcherait avec l'énergie solaire…Avec ses capacités intellectuelles inouïes, n'importe quelle trouvaille était possible avec lui. De grandes attentes du monde scientifique reposaient sur lui, qui, hélas, ont tourné court …

Je ne sais pas comment il est mort; je ne veux pas le savoir…Lui a-t-on réservé des obsèques dignes de ce grand homme ? L'a-t-on jeté dans une fosse commune après avoir ramassé son cadavre en putréfaction dans un coin de rue, comme l'aurait prétendu quelqu'un? Un enfant lui aurait lancé une pierre sur la tête; Majohn se serait éloigné puis effondré dans une touffe d'herbe, des suites d'une hémorragie intracrânienne pour ne plus jamais se relever…

Pour moi Jean Pierre a disparu physiquement mais il est resté comme un mythe; il n'est pas mort, parce que les génies survivent à leur disparition pour entrer grandis dans la légende…

En effet je vois Majohn marchant le long de la rivière Kwilu. Il est aussi grand que les plus hauts arbres, les plus grands palmiers, les dépassant même de la tête. Il est tout de blanc vêtu dans une longue et belle tunique qui couvre ses pieds…Il marche majestueusement, lentement comme si le temps ne comptait plus pour lui...Il paraît heureux enfin et débarrassé des petits soucis de ce monde. Il a son regard entendu et son sourire en coin, de celui qui sait ce que les autres ignorent, de celui qui connait ce que le monde cherche encore...Il s'en est allé avec sa science loin de ce monde qui n'a pas voulu de lui, de ces gens qui l'ont rejeté, de ces femmes qui l'ont repoussé...Majohn tient dans sa main gauche un fascicule ouvert, et comme avec ses cahiers le long du laboratoire de physique du père Unsen à l'ISFX, il lit son recueil des connaissances en chantonnant. Il balance son bras droit et claque de ses doigts pour rythmer sa chanson. Il se dirige en descendant le long de la rivière Kwilu, vers sa confluence avec la rivière Kwenge, à Lusanga là où il avait vécu...Nous ne pouvons plus le voir et lui non plus ne se soucie plus de nous; mais nous nous retrouverons bientôt quelque part, je ne sais où ! Je suis sûr que je reverrai Majohn toujours aussi grand, avec son intelligence inouïe et ce petit sourire malicieux dont il nous gratifiait constamment ...

Nous, ses amis d'enfance et condisciples de classe, ne l'oublierons jamais. Il vit dans nos cœurs et dans nos pensées, ce grand héros du savoir... Entre-temps je l'immortalise par ce petit livre; que chaque lettre soit une larme dont la réunion forme le torrent qui pleure et pleurera encore ce savant perdu, mon ami Majohn...

Annexe

Temoignage du R.P. Jean-Louis Preat

Merci pour ton envoi. Je l'ai lu immédiatement et puis... j'ai été repris par les activités et c'est seulement aujourd'hui que je t'écris. J'espère qu'on pourra publier ce texte. Il est intéressant à beaucoup de points de vue.

Jean-Pierre, Je me souviens très bien de lui. D'abord cette petite scène qui m'a marqué et dont j'ai souvent parlé par la suite. Un jour, au cours de biologie, il a discrètement demandé la parole et a proposé une autre voie pour résoudre un problème de génétique. C'était plus rapide et plus clair que ce que j'avais donné. Son intelligence et sa discrétion m'avaient vraiment touché. Aux Examens d'Etat de cette année-là un professeur français qui corrigeait la biologie avec moi m'a interpellé: "Cette copie est parfaite, on devrait lui-mettre le maximum".

J'ai reconnu la copie de J.-P. et ai proposé au prof de corriger le paquet qu'on lui avait confié: ainsi on a mis 98 et 97/100. Nous étions ainsi assurés qu'on ne trafiquerait pas nos côtes !!! Et au vu de ses résultats brillants le Marché commun lui avait attribué une bourse. - tu te souviens ces bourses étaient très généreuses et convoitées...- sans que nous n'intervenions.

Comme cela traînait, Henri de la Kéthulle est allé dans leurs bureaux. La secrétaire a éclaté en sanglots: un Ministre du Régime avait exigé qu'on donne la bourse à sa "nièce". Et J.-P. n'a pas eu l'opportunité d'aller à l'étranger pour étudier. Cela aurait sans doute orienté sa vie dans une autre direction. Plus tard, comme tu l'as fait observer, J.-P. avait ses moments de lucidité: il te reconnaissait. Il m'a reconnu, mais s'est de suite réfugié dans son monde...

Bien fraternellement,

Jean-Louis

TABLE DES MATIÈRES

Préface 5

Avant-Propos 9

A la mission catholique de Soa 11

A la mission catholique de Kikwit Sacré-Cœur 19

Sur le campus universitaire de Kinshasa 29

Retour définitif à KIKWIT 67

Sublimation 75

Annexe 77

    Temoignage du R.P. Jean-Louis Preat 77

Table des matières 79

www.ingramcontent.com/pod-product-compliance
Lightning Source LLC
Chambersburg PA
CBHW032211040426
42449CB00005B/536